海上香路

中国与世界

袁敦卫 李渊博 陈婕 等 著

中共中央党校出版社

图书在版编目（CIP）数据

海上香路：中国与世界 / 袁敦卫等著. -- 北京：中共中央党校出版社，2024.11. -- ISBN 978-7-5035-7772-7

Ⅰ.F426.77

中国国家版本馆 CIP 数据核字第 2024BF6181 号

海上香路：中国与世界

策　　划	刘梦杰
责任编辑	蔡锐华　徐　芳　吴容华
责任印制	陈梦楠
责任校对	魏学静
出版发行	中共中央党校出版社
地　　址	北京市海淀区长春桥路 6 号
电　　话	（010）68922815（总编室）　（010）68922233（发行部）
传　　真	（010）68922814
经　　销	全国新华书店
印　　刷	中煤（北京）印务有限公司
开　　本	710 毫米 ×1000 毫米 1/16
字　　数	136 千字
印　　张	13.75
版　　次	2024 年 11 月第 1 版　2024 年 11 月第 1 次印刷
定　　价	68.00 元

微 信 ID：中共中央党校出版社　　　邮　箱：zydxcbs2018@163.com

版权所有·侵权必究

如有印装质量问题，请与本社发行部联系调换

序

李君如

2013年，习近平总书记提出的"一带一路"倡议，既顺应了时代大潮，符合各国加快发展的愿望，又具有深厚的历史渊源和人文基础，得到世界各国的热烈响应。广东作为古代"海上丝绸之路"的重要出发地，理应在理论研究和实践探索两方面携手沿线国家和地区共建"一带一路"，作出别人代替不了的贡献。读者面前的《海上香路：中国与世界》，是由广东学者推出的最新研究成果，可喜可贺！

"丝绸之路"是一个历史符号。古丝绸之路，包括联通亚非欧的陆上丝绸之路和连接东西方的海上丝绸之路。古丝绸之路上的繁忙物流，不仅包括丝绸、瓷器、茶叶，还包括漆器、铁器、干果、香料等；伴随贸易的人员流动更是带动了佛教、伊斯兰教、基督教及阿拉伯的天文、历法、医药传入中国，而中国的"四大发明"、养蚕技术也因此传向世界。东西文明交流互鉴，推动了观念变革和科技进步。习近平总书记说："古丝绸之

路不仅是一条通商易货之道,更是一条知识交流之路。"①

我们注意到,"香料"也是丝绸之路上的重要商品。陆上和海上香料之路,是古丝绸之路的重要组成部分。在陆上,有从吐蕃到西亚的麝香之路;在海上,有从广州等沿海城市到东南亚和欧洲的香料之路。广东学者研究的"海上香路",历史依据就是古丝绸之路上引人注目的海上香料之路。

海上香料之路既是贸易之路,也是文明互鉴之路。从15世纪至17世纪,西方国家主导的"地理大发现"给美洲和亚洲国家带来了工业文明,但也带来了深重的殖民灾难。而以中国为端点国家的"海上香路"从不以钢铁、枪炮、鸦片为贸易开路,而是以开放的胸怀广纳"海上来香",并将中华香料文化传往世界各地。

值得指出的是,珠江三角洲、粤港澳大湾区,积淀了丰厚的香料文化遗产,是中华香料的重要产地和内外贸市场。明末清初著名诗人、学者屈大均在《广东新语》中说:"东粤有四市:一曰药市,在罗浮冲虚观左,亦曰洞天药市……一曰香市,在东莞之寮步,凡莞香生熟诸品皆聚焉。一曰花市,在广州七门,所卖止素馨,无别花……一曰珠市,在廉州城西卖鱼桥畔。"②香港、香山(中山)、香山澳(澳门)之得名,都显示了岭南沉香文化的深远影响。而且,岭南倚五岭濒南海,自秦汉以来就和海上丝路、海上香路存在天然联系。

---

① 《习近平谈治国理政》第2卷,外文出版社2017年版,第507页。
② (清)屈大均:《广东新语·地语》卷二,中华书局1985年版,第48页。

自2023年11月开始，广东省人民政府参事室（广东省人民政府文史研究馆）和东莞社会经济发展研究院为提升"海上香路"文化品牌，壮大沉香产业，开展"海上香路"专题研究，历经10个多月，收集大量文献资料，并赴海南省和广东省的东莞、中山、江门、茂名等地调研，还与广东省直单位、高校、科研院所座谈交流，广泛征求专家学者意见，为撰写《海上香路：中国与世界》奠定了坚实基础。

该书不仅丰富了我们关于海上香路的历史知识，而且提出了关于现在和未来的一系列设想。尽管书中主要介绍的是历史上的海上香路，但落脚点、侧重点则是在新时代如何让中国香料突破局限、走向世界；如何在历史研究、人文研究中"再现"海上香路，在海运、旅游、资源开发中"再造"海上香路；如何在香业迭代中"重塑"海上香路，以海上香路赋能"一带一路"倡议。毫无疑问，这是非常有意义的战略构想、发展思路和政策建议。

围绕这一课题，我们需要深入思考、研究三大问题。

一是在新时代重塑现代海上香路，有没有现实意义。在广东的朋友看来，特色产业从来都是经济发展的重要推动力，广州、香港、澳门又是中国与世界各国香料贸易的重要港口，"再造"和"重塑"海上香路，不仅有利于推动广东经济发展，而且有利于推进粤港澳大湾区建设，有利于推进"一带一路"建设。"再造"和"重塑"海上香路，还有落实全球发展倡议、全球安全倡议、全球文明倡议的国际意义。

2023年9月9日，美国、印度、沙特阿拉伯、欧盟等在二十国集团（G20）峰会上签署谅解备忘录，宣布建设"印度—中东—欧洲经济走廊"（IMEC）。西方媒体称之为"现代香料之路"，并将其视为与我国"一带一路"倡议正面竞争的战略布局。在此背景下，我们推进"一带一路"倡议，更需要重视现代香路建设，进一步提升"一带一路"倡议的文明特色和人文品位。"重塑"海上香路，可以更好地凸显"一带一路"倡议的历史温度和人文特性，赋予经贸合作以情感内涵，这对于落实全球发展倡议、全球安全倡议、全球文明倡议，体现国际交往中的中国智慧，具有深远意义。

二是在新时代重塑现代海上香路，有没有现实可能性。广东的朋友对此保持着清醒的头脑、科学的认识和坚定的信心，并作了一系列富有远见的谋划。我们只要读一读《海上香路：中国与世界》的第六章第四部分"中国沉香发展之痛"、第五部分"中国沉香路：突破局限，走向世界"，再读一读第七章"海上香路：展望世界未来史"，不仅可以了解重塑现代海上香路的困难和希望在哪里，还可以体会到"重塑"海上香路的现实可能性并不是虚无缥缈的设想。当然，要把可能转化为现实，也不是容易的事，不仅要有宏大正确的战略，还要有精细可实施的策略措施。难能可贵的是，我们的广东朋友不仅有清醒科学的认识，还有理智坚定的信心，值得赞扬！

三是在新时代重塑现代海上香路，以什么为突破口。广东的朋友认为，发展中华香料产业特别是沉香产业是突破口。这是一项要下大功夫推进的大产业、大工程。2019年2月，中共中央、国务院印发的《粤港澳大湾区发展规划纲要》提出要"共建人文湾区"。人文湾区的内核是湾区的"人文精神"，包括坚定文化自信、强化爱国教育、推进中华优秀传统文化的传承发展等。粤港澳地域相近、文脉相亲，广州、香港、澳门作为中国与世界各国香料贸易的重要港口，千百年来积淀了丰厚的历史文化遗产，显示了中华香料尤其是岭南沉香文化的深远影响。这不仅是共建人文湾区的独特资源、讲好讲活人文湾区融合故事的绝佳素材，也是发展岭南沉香文化的独特优势。

"一带一路"倡议强调"民心相通"，为此更需要充分挖掘历史资源，加强我国与东盟、中亚、西亚及欧美国家的经贸合作和人文交流，而香料贸易的优势就在于它兼有经贸和人文的双重属性，更有利于"民心相通"。在我看来，海上香路以历史人文为经，以现代经贸为纬，有助于讲好中国与南海周边国家的人文故事，深化与香路沿线经济体的经贸合作。

祝愿我们的广东朋友扬帆远航，与全球各地的香友加强合作，携手重塑现代海上香路！

前　言

人类文明隔山阻海，通常以"路"联通，每一条路都通往不同的时空秘境。历史上的丝绸之路、瓷器之路、玉石之路、茶叶之路、香料之路……既是人类贸易往来的物理通道，也是人们情感联结的人文通道。随着全球化趋势加速发展，这样的通道迫切需要加强。

一、立论背景："一带一路"乃大鹏双翼

2013年12月10日，习近平总书记在中央经济工作会议上特别强调："建设丝绸之路经济带、二十一世纪海上丝绸之路，是党中央统揽政治、外交、经济社会发展全局作出的重大战略决策，是实施新一轮扩大开放的重要举措，也是营造有利周边

环境的重要举措。形象地说，这'一带一路'，就是要再为我们这只大鹏插上两只翅膀，建设好了，大鹏就可以飞得更高更远。""一带一路"乃大鹏双翼，既回应了陆上丝绸之路和海上丝绸之路的独特价值，又形象地阐明了"一带一路"倡议在新时代的宏远意义。本书立论，即以"一带一路"乃大鹏双翼为宏观背景展开。

二、核心议题："重塑"海上香路，为大鹏增添劲羽

回顾历史，海上香路并非新概念，而是与海上丝路、海上瓷路、海上茶路大体平行的概念，四者既有重合，也有疏离，所承载的文化意义也略有不同。比如，海上丝路、瓷路、茶路几乎是以中国为始发港，而香路多以中国为抵达港，有时也以中国为始发港；前三者更像是单向海路，而后者无疑是双向海路。因此，海上香路更能体现中国与世界双向交流、文明互鉴的精神要义。

展望未来，科技正在重塑世界。科技缩小了时空，也影响了人类嗅觉，而嗅觉反过来又塑造了人类对世界的感知。我们一方面要接续文化的根脉，另一方面要回应未来的挑战——在经济全球化出现退潮迹象、全球文明交流面临严峻挑战的当下，如何在以香路为代表的厚重历史资源中汲取智慧，突破人类共遇的困局，值得我们贡献智慧和力量。讲好中国故事，就是要

平衡驾驭从中国看世界、从世界看中国的"双螺旋",驱动中国经济和人文更好地融入世界。从这个意义上讲,海上香路无疑是为大鹏双翼增添劲羽。

三、主要内容:线面结合,勾画香路过去、未来史

本书共七章。第一章借助点染手法,简笔勾勒海上香路的双向格局,即中华香料出海之路和异域香料泛海来华之路。第二章凸显线性叙事,梳理中华5000多年用香史如何从宗教祭祀到伦常日用的转变。第三章以空间腾挪为主,记述异域香料经由各大港口来华的盛况,以及海上来香对中华文明生成的局部影响。第四章以点带面,着重渲染中华代表性香料在海外引发的文化效应。第五章聚焦理念革命,以宏观视野阐释传统香业借助科技和文化创新向现代香业的转型。第六章着眼产业,全景式扫描现代沉香业的现状、痛点与破局之路。第七章放眼全球,自由畅想世界香业及海上香路未来史。

目录

第一章 何为"海上香路"

一、"海上香路"不等于"香料之路" / 001

二、"海上香路"与"海上丝路" / 002

三、鉴真东渡：不能没有香 / 004

四、"中国皇后"号携香而来 / 007

五、海上香路：中国与世界的"香交" / 009

第二章 一缕平安香，半部中华史

一、远古燎祭：先秦通天术 / 011

二、博山之炉：两汉修仙法 / 018

三、名士风流：魏晋的浪漫 / 024

四、四大名香：唐风又宋韵 / 031

五、香料日常：明清的晴雨 / 039

 **第三章　海上来香：异域香料与华夏的相遇**

一、异香生南洋 / 048

二、遥望丝绸与瓷器的家乡 / 051

三、众香涌向东方 / 055

四、香了一座港 / 058

五、中华异域香 / 066

 **第四章　中华味道：国产香料出海档案**

一、麝香：从丝路到海上丝路的见证者 / 075

二、大黄：引发商战的"万灵药" / 081

三、肉桂：北美人至爱的"灵木" / 087

四、双向奔赴：华夏与南洋的跨海"香会" / 094

五、嗅觉里的中国：中华香料体验史 / 096

 **第五章　嗅觉语言：传统与现代的交融**

一、自然之选——天然香料的奇妙旅程 / 101

二、科技之魅——合成香料的美丽新世界 / 113

三、世界香业风云——争夺"第一炉香" / 119

第六章　四海传香：中国沉香进行时

一、揭开沉香的神秘面纱 / 127

二、南国生香，香飘四季 / 143

三、行业精英，含香致远 / 151

四、中国沉香发展之痛 / 163

五、中国沉香路：突破局限，走向世界 / 172

第七章　海上香路：展望世界未来史

一、海上香路是人文经济学的实践场景 / 184

二、全世界爱香的人，团结起来 / 185

三、香路，让世界更香 / 189

四、香语香路：疗愈受伤的世界 / 193

五、在香气中寻求全人类共同价值 / 197

后　记 / 203

何为"海上香路"

"海上香路"即"海上香料之路",它并非新概念,而是与海上丝绸之路、海上瓷器之路、海上茶叶之路大体平行的概念。

一、"海上香路"不等于"香料之路"

许多世纪以来,人们相信西方学者界定的"香料之路"(Spice Route)是香料从东南亚群岛到欧洲的西进之路,这条路主要是海路,也包括部分陆路。但这种认识正在改变,主要以欧洲为唯一观察视角的历史观发生了转变,正如英国历史学家约翰·凯伊所说:"单一香料路线的概念之所以出现,只是因为欧洲人认为他们自己的消费区域是首要的,并假设存在一个可定义的生产区域。"①显然，这是"欧洲中心主义"在香料贸易中的体现。

本书所说的"海上香路"是对西方学者界定的"香料之路"的拓展和深化，因为非欧洲的消费区域与欧洲的消费区域一样，所有消费后面都涌动着活生生的族群，都应该受到尊重，都需要被看见。因此，我们把单一指向的"香料之路"扩展成了更具开放性、包容性、人文性的"海上香路"，并且从更宽泛的意义上，将凡是运载过大宗香料、充当过贸易通道的海路都统称为"海上香路"。

从历史上看，中国无疑是海上香路非常重要的端点国家和活跃的交易市场，也是中华香料和异域香料的融汇之地。海上香路，是中国联通世界的经贸与人文之路，是世界文明交流互鉴的芬芳之路，是未来破除"文明优越论"、超越"文明冲突论"的和平之路，也是寻求最大共识、构建人类命运共同体的智慧之路。

二、"海上香路"与"海上丝路"

先秦时期，连接中国与西方的陆路通道已经存在。张骞通西域后，丝绸经中国西北出境，进入印度和中亚，部分转销欧

---

① 〔英〕约翰·凯伊著，荣岩译：《香料之路：一部关于欲望、探险和帝国的历史》，九州出版社 2024 年版，前言第 4 页。

洲。1877年，德国地理学家费迪南·冯·李希霍芬首次把这条古老的商路称为"丝绸之路"，其维系的繁荣时段大约从公元前114年延续到公元127年。1903年，法国汉学家埃玛纽埃尔－爱德华·沙畹在李希霍芬的基础上进一步提出"丝路有海陆两道"的观点。1967年，日本考古学家三杉隆敏更明确地提出了"海上丝绸之路"的概念。

海上丝绸之路简称"海上丝路"，通常分为南海航线和东海航线。南海航线从中国东南沿海出发，穿过东南亚至印度洋，经西亚和非洲，最后到达地中海沿岸；东海航线从中国东北部沿海出发，经渤海、黄海或东海到达朝鲜，再穿过朝鲜海峡，最终抵达日本。海上丝路萌芽于商周，形成于秦汉，成熟于唐宋，转变于明清时期，是世界公认的、古老的海上航线，主要港口城市有蓬莱、扬州、宁波、温州、泉州、广州、北海等。

与陆上丝绸之路不同，海上丝绸之路往来的货物种类更加丰富、规模更加宏大，除了丝绸，还有瓷器、茶叶、香料等大宗商品，因而这条路又被称为海上瓷器之路、海上茶叶之路、海上香料之路等。

不同于丝绸、瓷器、茶叶等商品主要是单向输出，香料主要是双向流通。中国不仅是香料生产大国，也是香料消费大国，因此海上香路的双向流通性、香料文化的独特性，使中国与世界各地的贸易和人文交流更加复杂多样。在一定意义上，海上香路是海上丝路的特殊样式，但二者又不完全重合。研究海上

香路,既是为建设"21世纪海上丝绸之路"提供借鉴,也是为讲好中国故事拓展空间。

三、鉴真东渡:不能没有香

(一)香料与鉴真六次东渡

日本真人元开撰写的《唐大和上东征传》,详细记载了鉴真六次东渡的情况。唐开元二十一年(733年),日本派遣僧人荣睿、普照来我国留学,他们此行的目的是邀请高僧赴日弘法传戒。唐天宝元年(742年),鉴真接受邀请,准备第一次东渡日本。天宝二年(743年)春,在准备得差不多的时候,鉴真一行被弟子如海诬告勾结海盗,第一次东渡失败。

天宝二年(743年)冬,鉴真购买了一艘军船,雇了多名船员,携带粮食、佛像、佛具、佛经、香药、钱币等,准备第二次东渡。不料在长江口遭遇风浪,军船飘至舟山群岛,狼狈不堪,只得无功而返。其中的香药即香料,因为几乎所有的香料都有药用功能,因此香料在药学领域也被称为"香药"。

在接下来的十年中,鉴真又准备了三次东渡,分别因官府拦截、弟子劝阻、天气恶劣等原因,均以失败告终。直到天宝十二年(753年)十一月十五日,他率弟子20多人,乘坐日本遣唐使团副使大伴古麻吕回国的官船,从苏州黄泗浦(今张家港东南部塘桥镇境内)起航,第六次启程渡海。经过一个多月的艰苦航行，于同年十二月二十日抵达日本萨摩国阿多郡秋妻屋浦（今日本鹿儿岛县南萨摩市境内），于次年二月四日进入日本平城京（今日本奈良），受到日本朝野和僧俗的热烈欢迎。这是中日人文交流史上公认的盛事。

图1—1　鉴真东渡图[①]

鉴真在日本传道弘法，有力地促进了日本佛教、医药、建筑、雕塑文化的发展，在日本被誉为"律宗之祖""药王""文化之父"。而鉴真在日本传道，始终有香料（香药）伴随左右。六次东渡中，《唐大和上东征传》明确记载鉴真一行准备了香药的有两次，即第二次和第五次，且两次所备香药相同。天宝二年（743年）第二次东渡所备香药详见表1—1；而天宝七年（748年）第五次东渡，"造船、买香药，备办百物，一如天宝二

---

① 该图引自潘絜兹：《潘絜兹画集》，中国文联出版社1993年版，第204页。

载所备"①。

表1—1　鉴真第二次、第五次东渡准备的香药②

香药品种	分量
麝香	20剂
沉香、甲香、甘松香、龙脑香、胆唐香、安息香、栈香、零陵香、青木香、薰陆香等	600余斤
荜拨③、诃黎勒、胡椒、阿魏等	500余斤

其他几次与香药或香料有关的记载：第四次东渡，"乃遣僧法进及二近事，将轻货往福州买船，具办粮用"④；第六次东渡，携带有"雕白旃檀千手像一躯"。上述的"粮用"应该包括香药或香料，而雕刻千手观音像的檀香，则是贵重的香料。

（二）鉴真传播香药文化

鉴真是精通医学和药学的高僧，传播医药知识是他的一个重要使命。鉴真一行第五次东渡，在海上遭遇强风，船只漂流到海南，在那里停留了一年。其间，鉴真一行受到当地官员的热情接待。海南盛产香药，鉴真必定有所关注。据《唐大和上东征传》记载，一位海南的官员会客时，"常用乳头香为灯烛，

---

① 梁明院校注：《唐大和上东征传校注》，广陵书社2010年版，第50页。

② 参见梁明院校注：《唐大和上东征传校注》，广陵书社2010年版，第26页。

③ 荜拨，胡椒科植物香料，产于广东、广西、云南、福建等地，又写作毕勃、荜芨、荜菝、荜钵等，为便于识记，本书统一写作荜拨。

④ 梁明院校注：《唐大和上东征传校注》，广陵书社2010年版，第45页。

一烧一百余斤"[1]。乳头香是一味重要的中药，可治疗耳聋、中风等疾病。鉴真停留于海南，也为海南带去了中原文化和医药知识。

鉴真在日本被誉为"药王"，正是基于他对日本医药学发展的贡献。表1—1记载的香药，都有很高的药用价值，如麝香、沉香、龙脑香、安息香、阿魏、薰陆香等有辟恶气、去恶风的作用；甲香、青木香、荜拨、诃黎勒、胡椒等则有止痢、主心腹胀满、解诸毒热肿、治霍乱等功效。鉴真在日本传播香药文化，对日本医药及饮食文化都产生了深远影响，日本料理中寿司搭配芥末、紫苏、生姜等，其背后所反映的药食同源思想就源于鉴真。

四、"中国皇后"号携香而来

1784年2月22日，一艘满载人参、皮革、羽纱、胡椒、棉花、铅等商品的美国商船——"中国皇后"号（The Empress of China）从纽约港启航，于8月28日到达广州黄埔港，开启了中美贸易的新篇章，中美自此开始正式交往。4个月后，"中国皇后"号的货物全部脱手，并采办了一大批茶叶、瓷器、丝绸、象牙雕刻、漆器、肉桂、绣金像等中国特产，于1785年5月11日回到纽约。不过关于回航的货物，"中国皇后"号的船主提供

---

[1] 梁明院校注：《唐大和上东征传校注》，广陵书社2010年版，第57页。

的货单与上述并不一致。真相到底如何？本书第四章将展开详细解读。

图1—2 "中国皇后"号[①]

"中国皇后"号所载香料是海上丝绸之路香料贸易的一个缩影。我国进口胡椒，出口肉桂，反映了香料产地与香料需求的对称性，而这种对称性正是贸易存在的前提。胡椒是一种调味食品，也是一味中药，在我国古代属于香料中的奢侈品。明清时期，胡椒虽然已经开始大范围本土种植，但依然不能满足国内需求。肉桂和胡椒一样，主要用于调味，也是一味中药，主要产于越南、印度尼西亚以及我国广东、广西等地。肉桂在美国被广泛用于各种食品中，如磨成粉与甜点搭配，加入饮料、

[①] 该图引自王元崇：《中美相遇：大国外交与晚清兴衰（1784—1911）》，文汇出版社2021年版，第106页。

酒水中等，而美国使用的肉桂主要就是中国肉桂。

五、海上香路：中国与世界的"香交"

"畦留夷与揭车兮，杂杜衡与芳芷。"(《离骚》)"留夷""揭车""杜衡""芳芷"都是香草。屈原在《离骚》中使用众多香草、香木来比喻人的美好品德和高洁志向。海上香路联通了中国与世界，透过香味把世界各地联结成为一个可以相互理解、彼此认同的整体。在某种意义上，人类命运共同体应该可以从嗅觉经验中培养共同体意识。

海上香路，推动中国与世界各地在贸易、文化、医药、饮食、健康、休闲等领域深度交流合作。

海上香路，推动中国与世界大多数国家形成开放包容的精神品质——香料贸易告诉人类，世界原来可以"这么香"。

海上香路，推动世界贸易一体化发展，闭关锁国、逆全球化都将付出惨痛代价——香料早已成为联通世界的润滑剂。

海上香路，推动世界共生共融，破除"文明冲突论""文明优越论"，构建新的文明气度。

一缕平安香，半部中华史

中华民族使用香料的历史非常悠久，目前发现在6000年前已有祭祀焚烧香料的遗址。香料寄托着人类对超自然力量的敬畏，丰富了人类的生活体验，也塑造了中华民族开放包容、追求美好的精神品格。

一、远古燎祭：先秦通天术

香料的起源有祭祀说、驱蚊说、辟邪说等，但能查证到的早期证据都与祭祀有关。"国之大事，在祀与戎。"（《左传·成公十三年》）祭祀在中国古代是与战争并列的国家大事。

（一）远古燎祭：可能是最早的香祭

近年来，考古发现了不少史前时代有焚烧痕迹的祭祀遗址，这些遗址是远古燎祭的佐证。1979年，湖南省开展文物普查，澧县考古工作者首次发现城头山遗址。在最大祭坛的斜坡上，有堆积的红烧土，红烧土上覆盖着较厚的草木灰，灰中有零星陶碎片。祭坛内部有几个较大的灰坑，内含红烧土、草木灰和陶片。祭坛之外，东南部和南部分布着40多个土坑，有几个土坑积满草木灰。[①]城头山遗址祭坛内发现的大量红烧土、草木灰等，是远古燎祭的有力证据。

远古时代，人类对自然的恐惧与希望相互交织，自然现象被神化，经过复杂的心理机制，曲折地产生了自然崇拜、生殖崇拜、图腾崇拜、祖先崇拜等。同样地，基于人类的想象，要避免神灵降祸并祈求神灵庇佑，必须通过特别的形式将各种物品献祭给神灵，以实现人与神的和平互利。燎祭就是人类向神灵献祭的重要形式。

燎祭的主要形式是焚烧草木，有时还会将牛、羊、猪等牺牲或玉石放在上面。燎祭所焚烧的草木，应该是含有芳香气味的树木、灌木等草本植物，这很可能是人类最早使用的香料。

[①] 参见何介钧：《澧县城头山古城址1997—1998年度发掘简报》，《文物》1999年第6期。

（二）甲骨卜辞：远古燎祭的早期记录

1. 燎祭表现了殷人的神灵崇拜

焚烧草木以祭祀神灵叫燎祭，其得名源自甲骨文中的"燎"字。甲骨文是我国目前发现最早的成系统的文字，主要记录了殷商王室的占卜活动。《礼记·表记》说："殷人尊神，率民以事神，先鬼而后礼。"① 甲骨文中有不少关于祭祀、通神的动词，"燎"是其中重要的一个。

2. 甲骨卜辞描绘的燎祭场景

"燎"在甲骨文中字形如下：

徐中舒《甲骨文字典》载："米象木柴交积之形，旁加小点象火焰上腾之状，下或从火，会燔柴而祭之意。"② "燎"在甲骨文中是一个会意字，意为焚烧木柴以祭祀。甲骨卜辞非常清晰地勾勒了当时燎祭的具体场景，试举例如下：

（1）壬午卜，于河求雨，尞。(《甲骨文合集释文》12853)

在壬午这天占卜，问河神求雨，是否用燎祭？

（2）丙戌卜，㱿，贞尞王亥圭。(《甲骨文合集释文》11006正)

---

① 胡平生、张萌译注：《礼记》下册，中华书局2017年版，第1056页。
② 徐中舒主编：《甲骨文字典》卷十，四川辞书出版社1989年版，第1110页。

在丙戌这天由一个叫"殻"的贞人（即负责占卜的人）占卜，问是否用圭作为祭品向先祖"王亥"进行燎祭？

（3）甲卯卜，贞王宾祖甲尞亡尤。(《甲骨文合集释文》35901.1)

在甲卯这天占卜，问商王亲自主持"祖甲"的燎祭，没有忧祸吧？

（4）乎雀尞于岳。(《甲骨文合集释文》14453)

"雀"为商王武丁时期的重臣。卜辞的意思是商王叫大臣雀向岳神燎祭可以吗？

（5）妇好尞一牛。(《甲骨文合集释文》2640)

"妇好"为商王武丁之妻。卜辞的意思是妇好用一头牛燎祭可以吗？[①]

从以上卜辞和其他卜辞可以窥见殷商燎祭的许多要素特征：

一是燎祭的对象包括"河"等自然神以及"王亥""祖甲"等祖先神。

二是燎祭的形式有单纯燔烧柴木和在柴木上放置祭品两种，祭品包括牛、羊、猪等动物以及圭等玉石。

三是燎祭的主要目的是祈福避祸，如求雨、求丰收、求战争胜利、求无灾祸等。

四是燎祭的实施者主要是商王，此外还有一些贵族，如

[①] 以上五条甲骨卜辞释文参见胡厚宣主编：《甲骨文合集释文》，中国社会科学出版社2009年版，第672、587、1768、758、171页。

"雀""妇好"等。

除"燎"字外，甲骨文中还有"柴""束"等表示祭祀的文字，其祭祀形式与"燎"相似。

（三）燎祭所用的香料

1.芳香之烟气

烟气是燎祭关键的物质形态。成书于战国末年的《吕氏春秋·季冬纪》记载："乃命四监收秩薪柴，以供寝庙及百祀之薪燎。"东汉高诱注解说："燎者，积聚柴薪，置璧与牲于上而燎之，升其烟气。"[①]高诱认为，所谓"燎"，就是将柴薪堆积起来，然后把玉璧和牛、羊等牺牲放在柴薪上面，再点火焚烧，使烟气升腾。

可见，焚烧形成的烟气是燎祭至关重要的物质形态。在远古人类的想象中，神灵作为一种超自然的存在，凌驾于人类之上，而上升的、缥缈的烟气是人类通达神灵的有效媒介。

2.松、柏、萧之柴薪与香草

在我国古代，松树和柏树常被选作燎祭的柴薪。先秦时期，松、柏都曾被当作社木，即代表社神（土地神）的树木，是当时常见的树种。《论语·八佾》记载："哀公问社于宰我。宰我对

[①] （汉）高诱注，（清）毕沅校，徐小蛮标点：《吕氏春秋》，上海古籍出版社2014年版，第227—228页。

曰：'夏后氏以松，殷人以柏，周人以栗'。"[1]鲁哀公问孔子的学生宰我，祭祀土地神的牌位用什么木，宰我回答说，夏代用松木，殷代用柏木，周代用栗木。松、柏中含有丰富的松脂，燃烧后会散发浓烈的松香，先秦时期用作燎祭柴薪的可能性非常大，而后世燎祭几乎都用松、柏。

除了焚烧柴薪，古代还燃烧香草进行祭祀，如《诗经·大雅·生民》所记："取萧祭脂。"萧，即香蒿，脂为牛油。古时祭祀将牛油涂在香蒿上，点燃焚烧，取其香气。[2]香蒿是一种典型的植物香料，植株有浓烈的香气，可入药和制作食品，也是古代祭祀的常用之物。

（四）燎祭的继承和发展

虽然先秦燎祭选用的柴薪、香草种类并不多，如松、柏、香蒿等，但先秦燎祭在香料史上具有重要地位，它确立了香料沟通天、地、神、人的功能，开后世宗教用香之先河。

1. 燎祭柴薪的原始性

燎祭所焚的香料没有经过加工合成，原始且原汁原味，这一用香理念一直延续至今。我国彝族、白族、傈僳族、纳西族、拉祜族等民族，大都崇拜火，他们以火熏田除祟、灭虫保苗、祈求丰年，也以火招引光明、迎接福瑞。这些民族的火把节特

---

[1] 杨伯峻译注：《论语译注》，中华书局1980年版，第30页。
[2] 参见程俊英、蒋见元：《诗经注析》，中华书局1991年版，第806页。

别重视香料植物，如松树、艾蒿等。彝族的艾蒿火把，就是用干蒿捆扎而成，火把节期间点燃，在屋内、畜圈、田边等处扫燎挥舞，以除疫去害。

图2—1 火把节篝火晚会

2. 从燎祭到烧香

汉代佛教传入我国，佛教用香的仪式也随之传入，皇家、民间及道家的祭祀用香开始与佛教合流。南朝梁武帝于天监四年（505年）郊祭，用沉香祭天、上和香祀地。唐天宝八年（749年），皇室祭祖开始焚香，以"三焚香"代"三献"，即用三次烧香代替三次献酒。从松、柏、香蒿、艾蒿到沉香、上和香，从单一香料到合成香料，从直接焚烧到烧香、供香，香料的品类逐渐丰富，祭祀和供奉的形式也不断变化。

二、博山之炉：两汉修仙法

熏炉是焚烧香料的重要器具。汉武帝时期开始出现的、具有浓厚修仙色彩的博山炉，是熏炉的典型代表，也是两汉的标志性器物。

（一）秦皇汉武狂热求仙催生博山炉

1.博山炉燎香营造出神仙意境

秦汉时期，博山炉成为人们追求长生不老的精神寄托。"博山炉"之名源于炉身形似海上仙山"博山"。博山炉的基本形制是，在一圆盘中央竖立直柄，直柄上托半圆形炉身，上有盖，盖上镂空雕刻山峦、云气、鸟兽、树木、人物等形象。

用香气营造一种升仙境界，这是人们使用博山炉的初衷。西汉刘向的《博山炉铭》说："嘉此正气，崭岩若山。上贯太华，承以铜盘。中有兰绮，朱火青烟。"[①]描绘了博山炉之山形炉盖的气势像太华山（即西岳华山），同时还记载了所用香料，并描绘了熏香后青烟缭绕的场景。

2.秦皇汉武的狂热求仙

在中国历史上，有两位雄才大略的皇帝，为统一多民族

---

① （宋）洪刍等著，田渊整理校点：《香谱（外四种）》，上海书店出版社2018年版，第209页。

图 2—2　正在熏香的博山炉

国家的发展作出过重大贡献，但同时他们也是寻仙问药的狂热者，即秦始皇与汉武帝。秦始皇击败了强大的对手，却无法战胜死亡。为了长生不老，秦始皇听信一些方士编造的神仙故事，认为只要与仙人结缘，服食仙药，就能与天同寿。为此，他多次派人寻访仙人，寻求长生不老之药，其中最著名的就是徐福。

徐福向秦始皇上书，说海上有三座神山，山上有仙人居住，他希望能斋戒沐浴，带领童男童女寻找仙人，以求得长生不老之药。秦始皇听信徐福的话，派了3000名童男童女，还给了各种农作物的种子和各类工匠，以向神仙进贡。但后来徐福一去不返，《史记》作者司马迁认为徐福到了一个有平原、有湖水沼泽的开阔之地，在那里称王。①

与秦始皇相比，汉武帝对求仙的狂热有过之而无不及。汉武帝刘彻雄才大略，一生文治武功，颇有建树，但他与秦始皇一样，非常迷信神仙方士之说，祈求长生不老。《史记·孝武本纪》记载："孝武皇帝初即位，尤敬鬼神之祀。"②

一个叫李少君的方士在汉武帝面前吹嘘，说他可以将丹砂炼成黄金，将之作为饮食器具，可以延年益寿，并说他见过一个叫安期生的海上仙人。汉武帝深信不疑，派方士到海上寻仙，并命人炼丹为金。③

虽然汉武帝后来识破了这些方士的骗术，十分恼怒，但其渴望长生不老的求仙之志却越来越强烈。秦皇汉武的这种狂热，助长了当时整个社会的求仙风气，直接推动了博山炉的产生。

（二）博山炉形制说明两汉出现了新香料

1. 早期熏香为明火焚烧

当代大多数学者认为，作为熏炉的博山炉起源于更早的

---

① 参见（汉）司马迁撰：《史记》卷一百一十八，中华书局1959年版，第3086页。
② （汉）司马迁撰：《史记》卷十二，中华书局1959年版，第451页。
③ 参见（汉）司马迁撰：《史记》卷十二，中华书局1959年版，第455页。

豆形熏炉。早期，豆形熏炉中间有时会有一根空心管，如凤鸟衔环铜熏炉，有学者推断，这大概是因为在异域的高级香料传播到中土以前，当时人们所用的传统香料在燃烧时会产生浓烟，而这根空心管不但可以将炉体的各部分连接起来，还能使浓烟尽快排放出去。[①]早期熏炉大多有类似排烟的功能，炉体宽大扁平，炉盖出烟孔较大，或为开放式无盖炉，主要便于用明火焚烧香料。

2.博山炉适用焚烧树脂类香料

熏香器具说明西汉中期出现了树脂类香料。博山炉出现于汉武帝时期，与早期宽大的熏炉相比，博山炉普遍较为小巧，炉盖高耸狭窄，烟孔细小。

1968年出土于河北省满城汉墓中的错金铜博山炉，是年代较为久远的博山炉，也是博山炉的代表作。该炉由炉身、炉盖、炉柄与底座组成，通高26厘米，足径9.7厘米，重3.4千克，通体错金。器形似豆形，炉身为半圆，炉身上部及炉盖形似"博山"。从其体量形制看，炉身小巧，出烟孔细，因此无法放置过多香料，也不适合明火焚烧。

由此可以推断，最迟至西汉中叶，古人的熏香方式已经发生重要变化，从过去用明火焚烧艾草、蕙草等植物香料，转变为燃烧体积小、浓烟少、香气厚的树脂类香料。

[①] 参见邵小龙：《再论博山炉的起源及相关问题》，《中国国家博物馆馆刊》2016年第5期。

图 2—3　西汉错金铜博山炉

3.域外及南方香料的引入

汉武帝时期，陆上丝绸之路的开辟带动了域外香料向内流通。公元前138年至公元前115年之间，张骞两次出使西域在历史上具有重大意义：打通了汉地通往西域的南北道路，即陆上丝绸之路交通网，域外香料从此进入华夏。

西晋张华的《博物志》记载："西域使献香，汉制献香不满斤不得受。西使临去，又发香器，如大豆者，试着宫门，香气闻长安四面数十里中，经月乃歇。"[①] 按照汉代制度，进贡香料要满一斤，否则不收。西域使者临走时，取出一块豆子大小的香料，涂抹在宫门上，香气弥漫长安数十里，好几个月才消散。

---

① （宋）李昉等撰：《太平御览》第 4 册，中华书局 1960 年版，第 4344 页。

范晔的《后汉书》记载："天竺国（古印度）……又有细布、好毾㲪（指毛毯）、诸香、石蜜、胡椒、姜、黑盐。和帝时，数遣使贡献，后西域反畔，乃绝。至桓帝延熹二年、四年，频从日南（今越南境内）徼外来献。"[1]这些香料之前是从陆上丝绸之路进贡的，后来西域发生叛乱，就通过日南郡（今越南）进贡。可见，海上进献是两汉香料的重要来源。

（三）博山炉是两汉香文化兴盛的重要标志

1. 楚地香文化流行的前奏

先秦时期的楚国贵族是在生活中用香的早期代表。屈原的《楚辞》描写了众多香草、香木，其中香草22种，如江离、白芷、杜若、揭车等；香木12种，如木兰、桂、辛夷等。[2]这些香草、香木，或用来佩戴，或用于馈赠，尤其可以让人联想到美好的品德。《楚辞》浓郁的崇香情结是当时楚国以香为美、崇香爱香观念的真实写照。

长江以南环境潮湿，容易滋生蚊虫，加上贵族的崇香情结，因此，燃烧香料以驱赶蚊虫、调养身心和祭祀神灵，是熏炉产生的主要原因。

---

[1] （南朝宋）范晔撰，（唐）李贤等注：《后汉书》卷八十八，中华书局1965年版，第2921—2922页。

[2] 参见潘富俊：《楚辞植物图鉴》，上海书店出版社2003年版，第8页。

2.博山炉在两汉的广泛使用

博山炉的诞生,标志着我国熏香文化达到了第一个兴盛期。汉乐府《古歌》唱道:"朱火飐烟雾,博山吐微香。"[①]诗歌描写了主人宴请客人时的各种场景,其中就包括用博山炉熏香待客之景。

考古发现,西汉时期的博山炉制作精美,且基本出土于贵族墓葬。到了西汉晚期,陶质博山炉增多,但所在的墓葬等级不高。可见,博山炉的使用已逐渐从上流社会渗透到平民阶级,并普遍用于日常生活。不过,受时代影响,唐以后博山炉逐渐式微,取而代之的是更为多样化的熏香器具。

三、名士风流:魏晋的浪漫

宫廷用香、文人用香、佛道用香是魏晋南北朝香料发展的三条主线,它们相对独立又彼此影响。王公贵族对香的喜爱推崇,致使社会竞相模仿,奢靡盛行。文人雅士追求精神自由,不拘礼法,谈玄论道,熏香成为他们的精神外化之物,同时也推动香料成为当时的时尚消费品。由于残酷的政治斗争和频繁的战乱,不管是名士贵族,还是底层百姓,都缺乏安全感,于是纷纷向外来的佛教或本土的道教寻求精神慰藉,使宗教性用香成为消费热点。

[①] 逯钦立辑校:《先秦汉魏晋南北朝诗》,中华书局1983年版,第298页。

（一）宫廷帝王的奢香之风

1. 曹操赠香与分香

曹操酷爱香，不但自己喜欢熏香，还喜欢用香料拉拢人心。曹操可能给诸葛亮送过香，其《与诸葛亮书》云："今奉鸡舌香五斤，以表微意。"[1] 鸡舌香即丁香，能清新口气，功效相当于现代的口香糖。用鸡舌香清新口气在汉代就有先例，并且是一种宫廷礼仪。东汉的应劭在《汉官仪》中说："尚书郎含鸡舌香，伏其下奏事。"[2] 东汉时期，尚书郎是在皇帝身边处理政务的官员，他们向皇帝汇报工作时要口含鸡舌香，以免口气太重惹恼皇帝。

此外，曹操还给太史慈送过当归。《三国志·吴书·太史慈》记载："曹公闻其名，遗慈书，以箧封之，发省无所道，而但贮当归。"[3] 曹操听闻太史慈的威名，派人给太史慈送了一个小箱子，打开后发现没有书信，只有当归。当归是一种常见的香药，曹操送礼可能是想让太史慈归降。当归代表了曹操的爱才之意。

由于大部分香料很昂贵，曹操曾下令禁止用香，他在《内诫令》中说道："吾不好烧香，恨不遂所禁，今复禁不得烧香，

---

[1] 中华书局编辑部编：《曹操集》，中华书局2012年版，第67页。
[2] （清）孙星衍等辑，周天游点校：《汉官六种》，中华书局1990年版，第143页。
[3] （晋）陈寿撰，（南朝宋）裴松之注：《三国志》第5册，中华书局1974年版，第1190页。

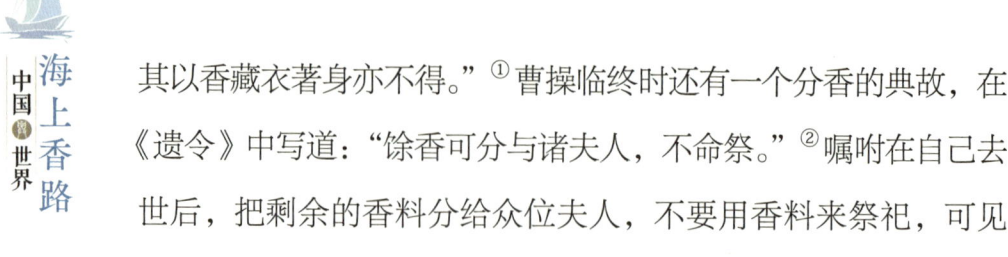

其以香藏衣著身亦不得。"①曹操临终时还有一个分香的典故，在《遗令》中写道："馀香可分与诸夫人，不命祭。"②嘱咐在自己去世后，把剩余的香料分给众位夫人，不要用香料来祭祀，可见其爱香惜香之情。

2. 曹丕索香与种香

魏文帝曹丕喜欢收集奇珍异宝，包括香料。据司马光《资治通鉴·魏纪一》记载，魏文帝曾派使者向吴主孙权索要雀头香等珍玩。雀头香即香附（又称香附子），是一种药用香料，主要产于浙江、福建、湖南一带，当时地属东吴。有人认为，曹丕索要雀头香是用来治疗脱发，依据为唐代王焘辑录的综合性医书《外台秘要方》。书中记载了一个生发黑发的秘方，说魏文帝用了有明显效果，同时也记载了用香附入药治疗脱发的配方。③

除药用香料外，曹丕还喜欢种植具有观赏性的迷迭香，他和曹植等人都曾作过《迷迭香赋》。迷迭香原产于欧洲等地，曹魏时期被引入我国，是一种名贵的植物香料，在生长季节会散发出清香气味。或许是因为迷迭香的香气过于浓郁，以致魏文帝还曾被马惊咬。《三国志·魏书·方技传》记载："建平又善相马。文帝将出，取马外入，建平道遇之，语曰：'此马之相，今

---

① 中华书局编辑部编：《曹操集》，中华书局2012年版，第52页。
② 中华书局编辑部编：《曹操集》，中华书局2012年版，第57页。
③ 参见（唐）王焘撰：《外台秘要方》下册，华龄出版社2021年版，第1255页。

日死矣。'帝将乘马，马恶衣香，惊啮文帝膝，帝大怒，即便杀之。"①马因不喜欢曹丕衣服上浓郁的香味，受惊咬伤了曹丕的膝盖，被曹丕杀了。

可怜此马不识香！

（二）贵族名士的用香时尚

魏晋南北朝的政权更迭较为频繁，战乱多发，为寻求安稳和自保，当时的上流社会和文人阶层形成了一种追求自由、注重享乐、崇尚清谈的风气。有些名士出身贵族，既有政治资本，又有文化资本，他们的言行举止引得中下阶层纷纷效仿。北齐颜之推在《颜氏家训·勉学》中记载："梁朝全盛之时，贵游子弟，多无学术……无不熏衣剃面，傅粉施朱。"②可见，熏香美容、追求形象完美在当时是一种时尚。

1.何郎傅粉

魏晋南北朝时期的男子很重视容貌，喜欢涂脂抹粉。"何郎傅粉"的典故出自南朝宋刘义庆的《世说新语·容止》："何平叔美姿仪，面至白。魏明帝疑其傅粉，正夏月，与热汤饼。既噉，大汗出，以朱衣自拭，色转皎然。"③何平叔，即曹操的女婿何晏，长相俊美，面容白皙。魏明帝怀疑他脸上搽了粉，想亲

---

① （晋）陈寿撰，（南朝宋）裴松之注：《三国志》第3册，中华书局1959年版，第810页。
② 檀作文译注：《颜氏家训》，中华书局2022年版，第96页。
③ （南朝宋）刘义庆著，（南朝梁）刘孝标注，余嘉锡笺疏：《世说新语笺疏》，中华书局2011年版，第526页。

自检验一下，于是大热天请何晏吃热汤面。何晏吃完出了一身汗，就用红色的衣服擦汗，脸色显得更白了。后世用"何郎傅粉"来形容美男子。

受潮流影响，粉脂也在这一时期从闺阁走向了大众社会，而用香料制作口脂、香粉、香油、香膏的技术也日趋成熟。《世说新语·汰侈》描写了晋武帝时期首富石崇家的豪华厕所："石崇厕，常有十余婢侍列，皆丽服藻饰。置甲煎粉、沉香汁之属，无不毕备。"① 石崇家的厕所，经常有10多个衣着华丽的奴婢侍列，厕所内放置着高级香粉和香油——甲煎粉和沉香汁。这里的甲煎粉，主材取自一种叫甲香的软体动物，产于东南沿海地区。将甲香与别的香料混合，一起高温烘烤，煎出香味，故称"甲煎香"，可入药或制成具有药用价值的唇膏、香粉等。

2. 荀彧留香

"荀彧留香"的典故出自东晋习凿齿的《襄阳耆旧记》："荀令君至人家，坐处三日香。"② 荀彧是东汉末年曹操的谋士，曾担任尚书令，故称"荀令"。据说他嗜爱香气，常常把香带在身上，所坐之处，香气三日不散。后世用"荀彧留香"或"留香荀令"来形容美男子。

香熏在我国历史悠久，主要方法有熏烧、佩戴、涂抹、沐

---

① （南朝宋）刘义庆著，（南朝梁）刘孝标注，余嘉锡笺疏：《世说新语笺疏》，中华书局2011年版，第756页。

② （东晋）习凿齿撰，黄惠贤校补：《校补襄阳耆旧记（附南雍州记）》卷五，中华书局2018年版，第105页。

浴、熏蒸、内服等。由于引入了外来香料，魏晋南北朝时的香熏材料和香熏方式也越来越多样，如史书上记载的石崇斗富、炫富的故事，所"斗"、所"炫"之事就包括香熏。石崇和晋武帝的舅舅王恺斗富，王恺用赤石脂（一种红色的可入药的土）涂墙，石崇便用更为昂贵且有浓烈辛香味的花椒涂墙，是为"椒房"。

（三）佛道两教的用香哲学

汉代佛教传入中国，佛教用香的方式也随之传入。佛教用香主要为外来香料，产地多为印度和东南亚国家，丝绸之路的香料贸易为佛教用香提供了极大便利。魏晋南北朝以后，内传的佛教和本土的道教盛行，用香需求也随之增长，推动了香料贸易的繁荣。佛教和道教用香有自己的理路，即用香哲学。

1. 佛教的"五分法身香"

佛教将用香上升为一种抽象的佛理，既是一种修行方法，也是一种德行。《佛说戒德香经》谈到一种持戒之香，叫"随风逆风靡不周"，能够普熏十方。佛教还有"五分法身香"的修行方法。"五分法身"，即"戒、定、慧、解脱、解脱知见"，是佛教徒的五种品德，得之而谓"五分法身香"，即"戒香、定香、慧香、解脱香、解脱知见香"。禅宗的《六祖坛经·忏悔品第六》对此有详细解释，并强调"善知识，此香各自内薰，莫向

外觅"①。需要说明的是,上述的"香"未必都是指物质的香,而是以香为喻,表示修行达到的不同境界。

2.道教的"太真天香八种"

道教也用香来形容修行境界,并且把香作为一种重要的修行媒介。道教认为香有八种"太真天香",即"道香、德香、无为香、自然香、清净香、妙洞真香、灵宝慧香、超三界香",这里的"香"指的是"心香",而八香代表八种修行境界。

道教也有通过焚香、香汤沐浴等方式修行,以祈求健康长寿、消灾驱邪、国泰民安。道教斋醮仪式中有上香环节,并且有专门从事焚香的道士,被称为"侍香"。道教在上香环节中对哪种场合使用哪种香料都有规定,如斋醮焚香可用降真香、百合香,不得烧檀香、安息香、乳香等,"因为檀香、安息香在道教被视为'浴香',这些用于沐浴的香种是不允许出现于醮坛的"②。香汤沐浴是道教重要的养生修炼之法,沐浴的香汤常用五种香料调配而成,这五种香料并不专指特定的五种,而是兰香、白檀、白芷、桃皮、柏叶、沉香、鸡舌香、零陵香、青木香等,任取五种调制即可。③

---

① 丁福保笺注,一苇整理:《六祖坛经笺注》,齐鲁书社2012年版,第139页。
② 吴小龙:《中外交流视域下唐代香文化探索——以儒释道焚香为中心》,《贵州文史丛刊》2021年第4期。
③ 参见严小青、张涛:《中国道教香文化》,《宗教学研究》2011年第2期。

四、四大名香：唐风又宋韵

唐宋是我国香料发展的繁荣时期。这一时期，人们对香料的认识逐渐深入，香料使用的领域也越来越广泛，香料贸易空前活跃。所谓的"沉檀龙麝"四大名香，即沉香、檀香、龙脑香、麝香就是这个时期的代表性香料。

（一）万香之王——沉香

1.沉香：历经劫难而香

沉香位列四大名香之首，被誉为"万香之王"。沉香的结香方式非常特殊。沉香树受虫咬、刀砍后，会分泌一种具有芳香气味的油脂作自我保护，从而在伤口附近结香。东汉杨孚的《交州异物志》是较早记载沉香结香方式及命名由来的文献。书中写道："蜜香，欲取先断其根。经年，外皮烂，中心及节坚黑者，置水中则沉，是谓沉香。"[①] 砍断根部，通过人为方式让树受伤，再经数年，可以得到坚硬而黑的香脂，因可沉于水，故名沉香。

古人根据沉香是否沉水、形状、结香方式、产地差异等，赋予沉香不同的名目，体现了古人对沉香的认识在不断细化。宋代丁谓的《天香传》记载："余杭市香之家，有万斤黄熟者，

---

① 刘纬毅：《汉唐方志辑佚》，北京图书馆出版社1997年版，第14—15页。

得真栈百斤，则为稀矣；百斤真栈，得上等沉香十数斤，亦为难矣。"①丁谓将黄熟作为一个大类，下有真栈，真栈下又有沉香。虽然这一分类不尽合理，却也体现了沉香之优劣品级。

2.唐代皇家贵族心仪的香料

唐宋两代通过朝贡贸易进口的主要香药在种类、数量、原产地方面都有很大不同。唐代主要进口沉香，宋代主要进口乳香；唐代沉香的单次朝贡量有达450斤者，宋代乳香的单次朝贡量在1万斤以上的较多，甚至有超过10万斤的超大规模朝贡；唐代进口的沉香产地为南海诸国，宋代进口的乳香产地为阿拉伯半岛东南部和非洲索马里。②

唐代皇家贵族常用沉香木建造亭台楼阁，或用沉香粉涂抹墙壁。唐玄宗在宫廷里建了一座沉香亭，李白有诗曰："解释春风无限恨，沉香亭北倚阑干。"（《清平调词·其三》）描写的是杨贵妃在沉香亭倚阑饮酒的画面。杨国忠、元载、宗楚客等权相大臣也效仿唐玄宗，用沉香建阁楼、作房梁，或以沉香粉涂壁。

唐高宗时著名的传奇小说家张鷟的《朝野佥载·卷三》讲述了武则天时期宰相宗楚客的一则逸事：宗楚客建了一座豪华宅院，用柏树作房梁，用沉香和红粉涂墙壁，开门则香

---

① （宋）洪刍等著，田渊整理校点：《香谱（外四种）》，上海书店出版社2018年版，第5页。

② 参见温翠芳：《从沉香到乳香——唐宋两代朝贡贸易中进口的主要香药之变迁研究》，《西南大学学报（社会科学版）》2015年第5期。

气四溢，太平公主看了都十分感叹，觉得自己"虚生浪死"，白活了。①

3.宋代文人的沉香情缘

宋代是我国香文化发展的高峰，而宋代文人则是重要的推动力。据统计，《全宋词》记载沉香超过130次，是出现最多的香料。

宋代文人雅士大都推举海南沉香为上品。南宋范成大在《桂海虞衡志》中记载："世皆云二广出香，然广东香乃自舶上来，广右香产海北者亦凡品，惟海南最胜。"②他认为广东沉香来自海外，广西（古称广右）所产沉香品质一般，只有海南的沉香最佳。南宋赵汝适的《诸蕃志》记载："海南土产，诸番皆有之，顾有优劣耳。笺、沉等香，味清且长，敻出诸蕃之右，虽占城（今越南境内）、真腊（今柬埔寨境内）亦居其次。"③他认为海南沉香远比其他蕃国所产的沉香好，即便是越南、柬埔寨的沉香也居其次。

宋代，在被贬到海南的官员中，丁谓和苏轼都与沉香结下了深厚的情缘。北宋大臣丁谓被贬崖州（今海南三亚）3年，其间所著的《天香传》对沉香有系统详细的描述，奠定了海南沉香

---

① 参见（唐）张鷟、范摅撰，恒鹤、阳羡生校点：《朝野佥载 云溪友议》，上海古籍出版社2012年版，第34页。

② （晋）嵇含、（宋）范成大、（清）沈锡爵撰：《南方草木状 桂海虞衡志 浙东纪游草》，文物出版社2023年版，第69页。

③ 冯承钧撰：《诸蕃志校注》，中华书局1956年版，第147—148页。

的地位。苏轼因政治斗争被贬儋州（今海南儋州）也有3年，在弟弟苏辙生日之际，苏轼送给他一块海南沉香山子（假山），并作《沉香山子赋》为贺礼："矧儋崖之异产，实超然而不群。既金坚而玉润，亦鹤骨而龙筋。惟膏液之内足，故把握而兼斤。"[1]沉香是海南特产，品质超过众香，其质地像金子一样坚硬，又像玉石一样温润，犹如鹤骨龙筋。香脂充足，块头虽不大，但放在手里沉甸甸的，好似有双倍的分量。

（二）佛教圣树——檀香

1. 檀香："黄金之树"

檀香最早叫"旃檀"，为梵语"旃檀那"（candana）的音译，有给人愉悦、帮助之意。檀香树被誉为"黄金之树"，几乎每个部位都有很高的经济价值，树根、树干、树枝可以提炼精油。檀香通常指的是檀香木的心材，具有浓烈的香气，而树干的边材没有什么香味。

古人对檀香种类的划分主要是根据颜色、质地和出香情况。南宋的赵汝适在《诸蕃志·檀香》中记载："色黄者谓之黄檀，紫者谓之紫檀，轻而脆者谓之沙檀。"[2]现代对檀香的分类主要是根据产地，包括老山香（印度）、新山香（澳大利亚）、地门香（印度尼西亚和东帝汶）、雪梨香（澳大利亚及周边南太平洋岛

---

[1]　（宋）苏轼撰，李之亮笺注：《苏轼文集编年笺注》，巴蜀书社2011年版，第39页。
[2]　冯承钧撰：《诸蕃志校注》，中华书局1956年版，第108页。

国，其中以斐济檀香最佳）等。我国广东、海南、云南等地也盛产檀香。

我国对檀香的较早记载见于佛经，三国时康僧铠所译的《佛说无量寿经》说："口气香洁，如优钵罗华。身诸毛孔，出栴檀香，其香普熏无量世界。"[1]大意为口中的气息清香洁净，如同青莲花之香气，周身毛孔散发出旃檀香味，其香气普遍熏染无量世界。

2.檀为佛使，佛伴檀行

旃檀在佛教中具有神圣地位，被誉为佛教圣树。"檀为佛使，佛伴檀行"，以旃檀命名诸佛和菩萨乃至佛经，用旃檀雕刻佛像、建造佛塔、制作锡杖，用檀香烧香礼佛、香汤浴佛、香木供佛。在某种意义上，"檀香"已经成为佛教的代名词。

传说中第一尊佛像为旃檀雕刻。《大唐西域记》记载："初如来成正觉已，上升天宫为母说法，三月不还，其王思慕，愿图形像。乃请尊者没特伽罗子以神通力接工人上天宫，亲观妙相，雕刻旃檀。"[2]当初如来成佛后，上升天宫，为母亲讲佛法，3个月没有回来。国王非常想念他，希望能描画佛的形象。于是请一名高僧用法力将工匠升上天宫，观察如来之相，然后用旃檀雕刻出来。这虽然是传说，但因檀香香气独特，人们认为它能

---

[1] （后秦）鸠摩罗什译，王党辉注译：《阿弥陀经（国学经典典藏版）》，中州古籍出版社2021年版，第82页。

[2] 董志翘译注：《大唐西域记》，中华书局2012年版，第319页。

消灾除病，檀香也就成为雕刻佛像的理想木材。

图 2—4　清代檀香木观音菩萨像

（三）天然冰片——龙脑香

1. "沉檀龙麝"中的"龙"

"沉檀龙麝"的提法最初见于五代和凝的《宫词百首》："多把沈檀配龙麝，宫中掌浸十香油。""沈（即'沉'）檀"配"龙麝"，是一种经典的合香之法。"龙"究竟是指龙脑香还是龙涎香，素有争议。

龙脑香是一种植物性香料，由艾纳香茎叶或龙脑樟枝叶天然结晶或蒸馏而来。龙涎香则是动物性香料，为抹香鲸肠胃的病态分泌物（针对不易消化的食物而分泌的一种特殊蜡状物）的干燥品，也是一种高级香料。

2.状若云母，色如冰雪

龙脑香大约于隋代传入我国，此后成为皇家贵族的奢侈品。据《大唐西域记》记载，玄奘大师曾在南印度一古国见过龙脑树，并描写其香"状若云母，色如冰雪"[①]。因此，龙脑香也称为冰片、片脑。古人总结出龙脑香有三种生成方式：一是自然流出，即从树根下流出树脂清油，古人也称为婆律[②]膏；二是天然结晶而成，即从龙脑树心中直接取出天然结晶体；三是加热蒸馏而成，即将龙脑树干捣碎，将之置于密封的容器内加热，使龙脑树脂蒸发，最后冷却凝结成块。

3.唐诗宋词中的龙脑香

龙脑香受到唐宋文人的喜爱，唐诗宋词中常常出现龙脑这一意象。唐代王建在《送郑权尚书南海》诗中描述："戍头龙脑铺，关口象牙堆。"描绘了当时南海地区龙脑贸易的繁荣景象。唐代李贺的《嘲少年》有言："青骢马肥金鞍光，龙脑入缕罗衫香。"描绘了一群喜欢用龙脑熏衣的街头少年。宋代苏轼所作的《子由生日以檀香观音像及新合印香银篆盘为寿》说："旃檀婆

---

① 董志翘译注：《大唐西域记》，中华书局2012年版，第631页。
② "婆律"是音译词，古代指印度尼西亚的加里曼丹岛，该岛盛产龙脑树。

律海外芬，西山老脐柏所薰。"诗中"婆律"即龙脑，强调了其从海外进口的特点。宋代李清照的《醉花阴·薄雾浓云愁永昼》有名句："薄雾浓云愁永昼，瑞脑消金兽。"诗中"瑞脑"即龙脑，取其祥和美好之意。

（四）动物香料——麝香

1. 麝香是由雄性激素诱导形成的分泌物

《中华人民共和国药典》（2020年版）说明，"麝香是麝科动物林麝、原麝或马麝成熟雄体香囊中的干燥分泌物"。雄麝每年都会因体内雄性激素诱导而分泌麝香，用来吸引雌性和标记领地。其香囊是储存香液、形成固体麝香的器官，位于雄麝腹部肚脐和生殖器之间的腺体上，突出于体表，呈扁圆状。此外，麝香鼠等也会分泌类似麝香的物质。麝香干燥后呈颗粒状或块状，有特殊的香气，味苦，可以制成香料，也可入药。

2. 唐宋的"爽身粉"含有少量麝香

麝香具有特殊而持久的香气，是古人熏香美容的重要材料。五代王仁裕的笔记小说《开元天宝遗事》讲述了杨贵妃出"红汗"的逸事，这一逸事很可能为杜撰，但"红汗"可能是真的。明代周嘉胄的《香乘》介绍了"利汗红粉香"的配方，包括滑石、心红（一种朱砂颜料）、轻粉（水银炼成的一种白色粉末，有治癣疥、疮疥的效用）、麝香，并指出其功能为香肌、利汗。[1]

---

[1] 参见（明）周嘉胄著，刘帅编著：《香乘》，中国纺织出版社2019年版，第545页。

身体使用这种香料，一旦出汗就可能呈现红色，被称为"红汗"也名副其实。

3.宋代帝王和文人酷爱的麝香墨水

宋代是我国文学艺术高度繁荣的时期，宋代帝王普遍偏重文艺，这也推动了制墨技术的发展。一些制墨名人喜欢在墨水中添加香料，其中就包括麝香。麝香不仅可以增加墨水的香气，还能提升字画的光泽度和防腐性。五代时期，南唐的李廷珪父子所制的墨，被宋人称为"天下第一品"，据说其成分就含有麝香。元代陶宗仪的《南村辍耕录》记载："宋熙丰间，张遇供御墨，用油烟入脑麝金箔，谓之龙香剂。"[1] 张遇是宋代徽墨名家，油烟墨的创始者，以制"供御墨"而闻名于世，其制作的墨因加入了龙脑、麝香、金箔而被称为"龙香剂"。该墨配方一直流传至今，"龙香剂"也成为墨中极品。

五、香料日常：明清的晴雨

（一）香料飞入寻常百姓家

1.经济发展推动香料平民化

明清时期，商品经济迅速发展，具有一定消费能力的市民阶层逐渐壮大。在"生产—贸易—消费"的循环刺激下，商业性农业和手工业发展更快，出现了一些全国性的专业市镇，如

---

[1] （元）陶宗仪撰，李梦生校点：《南村辍耕录》，上海古籍出版社2012年版，第326页。

苏州地区丝绸与棉布的专业市镇、湖南益阳安化地区的茶叶专业市镇、广东地区的"东粤四市"等。明末清初，屈大均在《广东新语》中记载，东粤有四市，分别是罗浮药市、东莞香市、广州花市、廉州珠市，其中香市位于东莞寮步，凡莞香（沉香的一种）生熟诸品都汇聚于此。

商业性农业非常突出的作用是加快了农产品的生产和流通，因为商业介入，本土香料的种植和采收实现了更高的经济价值，并逐步走向规模化。加上制香技术的进步，制香业很快形成完整的产业链，将以前平民百姓消费不起的香料价格降了下来，这也是明清香料逐渐平民化的体现。至于百姓对美好生活的向往，则是另一种精神动力，此前只限于达官显贵享用的香料，如胡椒、沉香、檀香等也开始进入普通百姓的衣食住行中。

2.海禁加速香料本土化

本土香料的发展及其平民化，还受到"海禁""迁海"政策的影响。明清时期，由于经济、政治等原因，官方实行了多次且持续时间较长的海禁政策，即禁止民间未经官方允许与外国人进行海上贸易，沿海居民内迁三十至五十里。海禁政策严重阻碍了对外交往与贸易。由于外来香料无法大量进入我国，而国内对香料的需求又有增无减，尤其民间需求旺盛，这就使本土香料（包括从国外引种的香料）亟须扩大生产规模。

在此背景下，广东、广西、海南、福建、浙江、云南、四川、湖北、湖南等南方地区，变成了香料的主要产地。因大部分香料畏寒，北方无法推广种植，而南方因土壤、气候适宜，特别适合香料生长。比如，在明代以前，我国胡椒主要依赖进口，明代实行海禁后，我国南方开始大规模引种。

3.民间制香技术推动用香普及

民间制香技术的进步推动制香业的繁荣，是香料平民化的一个重要原因。民间制香业在宋代时就很发达，"香婆""香铺""香肆"在宋代文献中较为常见，同时也出现了很多关于香谱、香方的著作，如宋代陈敬的《陈氏香谱》、宋代官方编撰的《太平惠民和剂局方》等。

明清时期，民间香料贸易更为繁荣，制香技术在前人基础上有了更快的发展。如当时普遍用于宗教供奉和家庭熏烧的线香，李时珍在《本草纲目》中记载了其制作方法，技艺已相当成熟。又如清代扬州闻名南北的"戴春林香铺"，靠着一套制作香粉的独特技术，引领香粉、香油市场近200年，甚至还出现了很多冒称"戴春林"的香铺，以仿制为谋生之道。制香技术的大发展，使香料产品更加丰富多元，物美价廉又进一步扩大了香料的消费群体。

（二）明清香料的日常使用

1.以香调味

明清饮食著作和小说中记载了不少有关香料调味的方法。如制作"蟹生"："用生蟹剁碎，以麻油先熬熟，冷，并草果，茴香，砂仁，花椒末，水姜，胡椒，俱为末，再加葱、盐、醋，共十味，入蟹内拌匀，即时可食。"[1] 制作"五香糕"，用到的香料有白术、茯苓、砂仁、茴香、薄荷等；制作"香茶饼子"，要用檀香、白豆蔻、麝香、砂仁、沉香、片脑等。《红楼梦》中刘姥姥在大观园吃的茄鲞，包含鸡肉、鸡油、鸡汤、五香腐干、香菌（香菇）、香油等材料。当然这只是富贵人家的生活，平民百姓是很难这样搭配的，也难怪刘姥姥说："茄子跑出这个味儿来了！"但随着社会市民阶层的壮大，香料进入平民百姓的日常饮食也逐渐成为时代趋势。

2.以香入茶

喝茶品茗是中国人标志性的生活方式，以香入茶更反映了茶文化的创新发展。早在宋代时香茶就很流行，陈敬的《陈氏香谱》记载了"经进龙麝香茶""孩儿香茶"的制作配方。明清时期，香茶更加多样，明代邝璠的《便民图纂》介绍了法煎香茶、脑麝香茶、百花香茶、天香汤、缩砂汤、熟梅汤、香橙汤的制作方法。这里的"汤"是指用芳香花草制成的，不含茶叶的香茶。明代朱权的《茶谱》提到了"熏香茶法"，即将茶与香花或其他香料一起密封放置，数日之后茶便有了香味。曹雪芹似乎很喜欢"枫露茶"，把它写入了《红楼梦》。清代顾仲的《养小录·诸花露》记载："凡诸花及诸叶香者，俱可蒸露。入汤代

---

[1] （明）高濂著，王大淳等整理：《遵生八笺》，人民卫生出版社2007年版，第353页。

茶，种种益人。"①将各种花和香叶，放入器具中蒸馏，可得花露，加入开水代替茶，对人体多有益处。

在我国南方不少地方，至今还保留着擂茶的饮食习惯：将生茶叶以及炒熟的花生、豆子、芝麻、大米、生姜等一起放入特制的擂钵中擂成粉末，然后下锅煮成茶汤或直接用沸水冲泡。为了让擂茶更清香鲜美，有的地方还会加入艾叶、薄荷叶、紫苏叶、茱萸等，具有开胃健脾、防风驱寒、清热解毒、生津止渴等功效。

明末清初著名学者、诗人屈大均有一首七言律诗《擂茶歌》，生动记录了当时东莞擂茶的制作和习俗。开头两句为"东官（即东莞）土风多擂茶，松萝茱萸兼胡麻。细成香末入铛煮，色如乳酪含井华"。松萝即松萝茶，属绿茶类；胡麻即芝麻，和茱萸同是香料。将三者擂成香末放入锅中熬煮，煮出的擂茶色如乳酪，好像清晨初汲之井水，洁白纯净，屈大均也坦言自己非常喜欢。

3.以香防疫

明清时期，地球出现了明显的降温现象，俗称"明清小冰期"。据专家考证，魏晋南北朝和明清时期是我国的两个寒冷时期，这两个时期也是我国乃至世界上的疫灾高峰期，而有"小冰期"之称的明清时期的疫灾频度为历史之冠。②

---

① （清）顾仲撰：《养小录》，中国商业出版社2022年版，第29页。
② 参见龚胜生：《中国疫灾的时空分布变迁规律》，《地理学报》2003年第6期。

图 2—5　擂茶制作

据历史学者王玉兴统计，明清两代的瘟疫多达155次，平均每三四年就有一次瘟疫，但实际次数可能比统计的更高。[①] 寒冷期容易出现极端天气，造成天灾和社会动乱，进而引发大规模的瘟疫流行。明崇祯六年（1633年），山西暴发鼠疫，随后扩散至整个华北地区，持续十余年之久，这次疫情造成大批人员死亡。黑死病也叫鼠疫，传说起源于亚洲西南部，约在14世纪40年代传播到欧洲，并在欧洲肆虐了3个世纪，是人类历史上最严重的瘟疫之一。

在"十年一大疫，三年一小疫"的严峻形势下，古人摸索

---

① 参见王玉兴：《中国古代疫情年表（二）（公元前674年—公元1911年）》，《天津中医学院学报》2003年第4期。

总结了很多疫情防治的经验，用香料防疫就是其中一种。香料也称香药是有道理的，因为香料通常有药用价值，且多为纯阳之物，可以扶阳正气，辟除邪秽。

东晋葛洪的《肘后备急方·卷二》记载："断温病令不相染……又方，密以艾灸病患床四角，各一壮，不得令知之，佳也。"[①]在病人躺卧的床四角燃烧艾条，可以起到隔离病人、消灭病毒的作用。唐代孙思邈的《备急千金要方》记载："吴蜀地游宦，体上常须三两处灸之，勿令疮暂瘥，则瘴疠温疟毒气不能著人也。"[②]意思是去吴蜀游历或做官的人，常用艾叶熏灸身上的两三个部位，不要让伤口愈合太快，这样才能避免痢疾、温疟和毒气进入体内。

[①]（晋）葛洪撰，汪剑、邹运国、罗思航整理：《肘后备急方》，中国中医药出版社2016年版，第42页。

[②]（唐）孙思邈撰，鲁兆麟等点校：《备急千金要方》，辽宁科学技术出版社1997年版，第448页。

第三章

海上来香：异域香料与华夏的相遇

　　古巴比伦是世界上早期形成的香料交易中心，当时人们常将香料、宝石和黄金并称为"三宝"。在他们眼中，香料常常和神话联系在一起。有人认为，世界史上著名的"地理大发现"，在某种意义上是欧洲人寻求香料之路的"副产品"。14—15世纪，航海家、冒险家们渴望完成的一项事业，莫过于找到一条安全且舒适的航路，前往"香料群岛"、中国和日本。在此过程中，古老的东方文明国度——中国，也在香料交易中与世界不期而遇，异域香料与华夏文明相互激荡的漫长历史也徐徐拉开帷幕。

一、异香生南洋

东南亚大体上由两大地理区域构成：一是孟加拉国以东、中国以南的中南半岛；二是苏门答腊、菲律宾和巴布亚新几内亚形成的三角地带间的区域。[①]世界香料的主要产地集中在印度尼西亚、马来西亚，中南半岛的越南、柬埔寨、老挝、缅甸一带。此外，中国、印度、锡兰（今斯里兰卡）及阿拉伯国家、非洲等地区也出产香料，有些香料甚至是独有的。

（一）神秘的"香料群岛"

在寻找香料的路上，葡萄牙人是先驱之一。葡萄牙国王若奥二世登基后，便将找到印度航路作为国家使命。他派出的航海家及其船队先后到达今天的加蓬、刚果、安哥拉、纳米比亚的大部分海岸。1487年8月，若奥二世直接命令巴尔托洛梅乌·缪·迪亚士率领船队起航，希望他绕过非洲南端抵达盛产香料的东方。迪亚士率船队航行至非洲大陆最南端，发现了好望角，为葡萄牙开辟通往印度的新航路奠定了坚实的基础。

1497年7月8日，葡萄牙大航海家瓦斯科·达·伽马受国王曼努埃尔一世派遣，率船队从里斯本出发，继续寻找通往印度

[①] 参见〔美〕唐纳德·F.拉赫著，周云龙等译：《欧洲形成中的亚洲第一卷·发现的世纪》第2册，人民出版社2013年版，第1页。

的航线。他带领的船队经过加那利群岛，绕过好望角，横渡印度洋，并于1498年5月20日抵达印度西南部的卡利卡特（明代称为"古里"），开辟了从西欧经大西洋、印度洋到达东方的新航路。

举世闻名的"香料群岛"由马来群岛东部的4个岛群构成，即马鲁古群岛、安汶群岛、班达群岛和西里伯斯岛。[①]"香料群岛"及其附属岛屿，是16—17世纪葡萄牙、西班牙、荷兰和英国等欧洲国家试图开启的财富之门，也是西方国家与东方国家相遇的地方，围绕香料展开的合作与冲突在这里反复上演。

图3—1 "香料群岛"上的原始森林

---

① 参见〔美〕唐纳德·F.拉赫、〔美〕埃德温·J.范·克雷著，许玉军等译：《欧洲形成中的亚洲第三卷·发展的世纪》第3册，人民出版社2013年版，第310—311页。

（二）众香流溢之地

东南亚、南亚盛产香料，为众香流溢之地。这里的香料种类繁多，不下50种。依据香料的取材方式可分为花叶、果实、枝干、树皮、树脂、动物、调和等七大品类。全球大部分高端香料来自东南亚和南亚一带，印度尼西亚和马来西亚是核心区域。

南洋诸国香料繁盛。占城国（今越南中南部地区）出产沉香、速香、黄蜡、乌楠木、降真香、乌木、伽楠香[①]等；三佛齐（今印度尼西亚）出产脑子、沉香、速暂香、粗熟香、降真香、丁香、檀香、豆蔻、干良姜、大黄、樟脑等；满剌加国（王城在今马来西亚马六甲）出产黄连香、乌木、打麻儿香、花锡等；渤泥国（今加里曼丹岛北部文莱一带）出产梅花脑、速脑、金脚脑、米脑、黄蜡、降真香、檀香等；爪哇国（今印度尼西亚爪哇）出产苏木、白檀香、肉豆蔻、荜拨、斑猫；阇婆国（今爪哇岛一带）出产龙脑、檀香、茴香、丁香、豆蔻、荜澄茄、降真香、苏木、胡椒等；暹罗国（今泰国）出产黄连香、罗褐速香、降真香、沉香、花梨木、白豆蔻、大风子、血竭、藤结、苏木、花锡等；交趾国（今越南北部）出产沉香和蓬莱香；真腊国（今柬埔寨及越南南部部分地区）出产暂速细香、粗熟香、黄蜡、

[①] 伽楠香，一般指沉香，也作伽蓝香、迦楠香、伽倆香等，为便于识记，本书统一写作伽楠香。

笃耨脑、笃耨瓢、番油、姜皮、金颜香、苏木等。①

二、遥望丝绸与瓷器的家乡

东南亚、南亚的香料向西输入中东、欧洲，与丝绸、瓷器、茶叶等大宗商品同向而行；东南亚香料向北进入东亚地区（主要是中国），则是沿着传统"香料之路"的反向延长线，形成更宽泛意义上的"海上香路"。

当中国丝绸、瓷器、茶叶等大批量输出到东南亚和欧洲时，也必有大批量商品沿着相反的路线进入中国，以实现贸易互通。因此对"香料群岛"来说，商人携香料北上，遥望丝绸与瓷器的家乡——中国，既是贸易互通的结果，也是各取所需的现实需要。

（一）东方的直布罗陀

在东西方贸易航线上，马六甲海峡具有举足轻重的地位。它是沟通太平洋与印度洋的咽喉要道，被誉为"东方的直布罗陀"。

4世纪左右，阿拉伯人开辟了从印度洋穿过马六甲海峡，再经过南海到达中国的航线。他们将中国的丝绸、瓷器以及马鲁

---

① 参见（明）马欢撰：《瀛涯胜览》，中华书局1985年版，第9、34、18、31页；冯承钧撰：《诸蕃志校注》，中华书局1956年版，第3、12、77—78、23、1、7页。

古群岛的香料运往欧洲。7世纪末，印度尼西亚历史上第一个强大的帝国——室利佛逝兴起于苏门答腊东南部，控制着马六甲海峡和巽他海峡。首都巨港（音译巴邻旁）是当时室利佛逝的香料中心，也是中国与印度海上贸易的中转站。

14世纪，麻喏巴歇国灭掉了室利佛逝，崛起为另一强盛帝国。在其鼎盛时期，麻喏巴歇国经济繁荣，对外贸易相当活跃，香料、木材等大量运往中国、印度和中南半岛。

继瓦斯科·达·伽马开启"海角航路"后，阿方索·德·阿尔布克尔克于1511年带领远征队来到马来西亚，攻占了马六甲。这是葡萄牙人在东方占据的第一块殖民地。随后，葡萄牙人在马六甲地区的垄断地位逐渐被西班牙人、荷兰人撼动，最后是英国人获得了主动权。明代航海家郑和率领船队七下西洋（苏门答腊岛以西的海洋），多次驻节马六甲，将丝绸、瓷器、茶叶及先进的生产技术等带到这里。

（二）海上香路的崛起

汉代初期至隋朝末年，我国与西域各国、罗马之间的贸易主要还是以陆路交通为主。至唐代，阿拉伯半岛南部的姆拉哈、佐法尔一带出产的香料随着商船来到我国口岸广州和泉州。到南宋时，我国海上贸易逐步成为对外贸易的主流。阿拉伯商人将中国、印度、"香料群岛"的香料通过海路运往中东一带，再从陆路转售欧洲。由于"香料群岛"至中东的海路满足了欧洲的香料需求，这条路也被后世称为"香料之路"。

但事实上，欧洲人所界定的"香料之路"是不完整的。一个围绕丝绸、陶瓷、茶叶和香料等物品交易的世界海上贸易圈已悄然形成。宋代通过海路从东南亚进口的商品——香料和药材占有重要地位。不仅如此，满载异域香料、珍宝的商船从波斯湾或红海出发，经锡兰和印度半岛南端，穿过马六甲海峡，到达我国沿海港口。明代后期，广州市场香料云集，有熏衣香、藿香、檀香、丁香、木香、龙涎香、龙脑香、蔷薇露、血竭、没药、肉豆蔻、白豆蔻、胡椒、苏合油、荜拨、苏木等，[①]足以说明"香料之路"不是单向的，而是多向的。

（三）海上丝绸之路变奏曲

秦汉时期，我国对外交通的海路可通达东南亚各国。几乎与陆上丝绸之路同时，一条海上丝绸之路也在同步形成。海上丝绸之路的形成，扩大了中国的海外贸易。唐代初期至明代中叶，我国基本上与世界主要国家、地区都建立了贸易关系，这一时期以各国商船来华贸易为主。

此后，明清两代由于官方先后实施"海禁""迁海"政策，同时海外香料产地国家大都沦为西方国家的殖民地，资源被垄断控制，我国航海业和海外贸易等陷入低谷期，海上丝绸、香料之路也随之冷清了不少。

---

① 参见李庆新：《明代海外贸易制度》，社会科学文献出版社2007年版，第495页。

（四）对望与交叠

海上丝绸之路的兴起和繁荣，掀起了新一轮香料贸易的热潮。香料沿着海上丝绸之路，由阿拉伯国家、印度、东南亚各国输入中国。阿拉伯人、欧洲人、中国人对航海、商业的兴趣，很大程度上是被"香料群岛"和香料贸易激发出来的。

香料沿着海上丝路和海上香路，平衡着东西方贸易。在欧洲人经商的港口城市，东方的丝绸、锦缎、棉布、刺绣和地毯等都引起了欧洲人极大的兴趣。尤其是中国的瓷器、日本的涂漆屏风、苏门答腊的金丝细工和印度坎贝的珠宝，都被欧洲人列入了奢侈品采购清单。[1]中国出口海外的大宗商品除了瓷器，还有茶叶、丝织品、麝香等，用商品形象地向丝路沿线国家讲述着文明古国的故事。而在所有商品中，能为西方赚取高额回报的，香料必占一席。如葡萄牙人在中国购买的主要商品除了丝绸，便是麝香。

"香料之路"最初特指从东南亚"香料群岛"到欧洲的海上运香之路，由于这条路与海上丝路部分重合，而丝绸贸易比香料贸易的历史更久远、规模更大、代表性更强，因而长期以"丝路"命名，"香路"则被掩盖在其光芒之下。随着时间的推移，"香料之路"被重新发现，扩展成了更具包容性、开放性的"海

---

[1] 参见〔美〕唐纳德·F.拉赫著，周云龙等译：《欧洲形成中的亚洲第一卷·发现的世纪》第2册，人民出版社2013年版，第409—410页。

上香路"，人们不再局限于从"香料群岛"到欧洲的海上运香之路，而是从更宽泛的意义上，将凡是运载过香料、充当过贸易通道的海路都统称为"海上香路"。

三、众香涌向东方

众香涌向东方，描述的是域外香料进入中国的盛况。在不同历史时期，域外香料进入中国的方式是不同的，其中朝贡体系、民间贸易、走私贸易是三种主要的方式。

（一）朝贡体系

"朝贡与贸易的关系可被描述为普天之下的一种礼仪与商业活动的适当结合。"[①]中央王朝对周边国家的册封和保护，海外蕃国对中国历代王朝的"来朝"与"进贡"，体现了彼此间的礼尚往来。蕃国定期或不定期向中国朝廷"进贡"本国物品，中国朝廷则给予朝贡者等值或价值更高的货物作为"回赐"。香料作为普通商品的一大类，在朝贡体系中也维持着较大的贸易规模。

市舶司是管理海上对外贸易的专门机构，相当于海关，肇始于唐开元年间，盛行于宋、元、明三代，至清代初期取消。

---

① 〔美〕费正清编，杜继东译：《中国的世界秩序：传统中国的对外关系》，中国社会科学出版社2010年版，第69页。

市舶司"互市"与"朝贡贸易"是伴生的,属于官方认可的正式交易,多以"以物易物"方式进行。各国贡使将商人带来的贡品运送至市舶口岸,经市舶司官员引荐后,进献入朝。朝贡仪式结束后,各国使团在京师或边境与中国商人交易。

除进贡朝廷外,余下的货物可以进行私人买卖。《大明孝宗敬皇帝实录》记载:"东南番夷进贡,所余之物,许市人收买。"朝廷还准许朝贡中被"拣退之物,仍给还番人,令自变易"[①]。即朝贡中不合规或不合用的物品,仍发还给外商,让他们自行到市场上"出售"。

图3—2 清代外国使节朝贡图

---

① 参见(明)刘健、谢迁等首修,李东阳、焦芳等续修:《大明孝宗敬皇帝实录》卷九十二,弘治七年九月己亥条。

宋代是历史上域外香料朝贡贸易的一个高峰期。当时与宋朝发生贸易关系的国家有50多个，来朝贡的国家有40来个，其中相当部分来自东南亚。[①]朝贡入华的香料多达100种，包括甘草、郁金香、察香、沉香、丁香、白豆蔻、龙涎香等。

清朝中后期，由于国力衰退及世界殖民势力的扩张，"万国来朝"的盛况逐渐远去。清道光之后，盛产香料的南洋诸国与非洲索马里等地与中国的贸易日益衰微。至此，延续了2000多年的来华朝贡体系难以为继，香料来华也大受影响。

（二）民间贸易

明代初期，明太祖朱元璋下了一道只有六个字的圣旨——"片板不许入海"，被称为"史上最严禁海令"。此后，明朝的海禁政策时而收紧、时而放松，明朝对外贸易的政策环境也阴晴不定。

明隆庆元年（1567年），明穆宗宣布解除海禁，允许私人远赴东西二洋，从事海外贸易。"隆庆开关"后，民间的海外贸易合法化，东南沿海的私人海外贸易进入一个新时期。

民间贸易参与人数多、规模大，逐渐成为海外香料输入的主要方式，广东、浙江、福建等沿海地区更是海外香料的集散地。明代初期，朝廷还号召培育和种植本土香料。广东东莞一带的沉香（当地称"莞香"或"白木香"）种植业非常兴盛，一

[①] 参见（宋）王应麟辑：《玉海》第4册，广陵书社2003年版，第2818—2819页。

度成为支柱产业。

（三）走私贸易

明洪武七年（1374年），一个叫沙里拔的暹罗人，自称是贡使，他乘坐的商船遭遇风暴，漂到了海南。他将船上的苏木、降香、兜罗绵等香料和其他物品进献朝廷。最后，朝廷认定他冒充贡使，可见当时走私贸易是客观存在的。

明正德、嘉靖年间，官方的朝贡体系有走向衰落的趋势，而走私贸易却活跃起来。即使中国官方禁止海外经商，但是中国商人仍时不时出现在大多数亚洲集市上。16世纪上半叶，甚至出现了广东政府官员偷偷给去南部进行贸易的商人颁发许可证的情况。[①]广东、江浙、福建等沿海地区是走私贸易较为活跃的地区。

四、香了一座港

海上丝绸之路、海上香料之路的兴盛带动了中国一大批港口城市的发展。它们就像点缀在漫长海岸线上的一颗颗明珠，在历史时空中熠熠生辉。

西汉时期的海上丝绸之路以徐闻、合浦为始发港和抵达港。

---

① 参见〔美〕唐纳德·F.拉赫著，周云龙等译：《欧洲形成中的亚洲第一卷·发现的世纪》第2册，人民出版社2013年版，第412、297页。

至东汉末年，徐闻、合浦外贸港口的地位下降，民间贸易主要口岸移到了交趾郡的龙编（今越南境内）等地。①

宋代于广州、杭州、明州（今浙江宁波）、泉州、密州（今山东诸城）、江阴军（今无锡江阴）、秀州华亭县（今上海松江区）、温州等地设置市舶司/务，专门管理海外贸易。这一时期，香料进出口引人注目，出现了专事香料贸易的"香舶"。

明洪武三年（1370年），朱元璋在宁波、泉州、广州设置市舶司。1842年8月29日，中英《南京条约》迫使清政府开放广州、厦门、福州、宁波、上海五处为通商口岸。"五口通商"后，外国商人通过口岸大量倾销本国商品，与此同时，中国丝绸、茶叶、香料等商品的出口也大幅上升。清咸丰三年（1853年），上海取代广州成为中国最大的商埠和对外贸易中心。

（一）广州：海上丝绸之路主港

> 江中有婆罗门（今印度一带）、波斯（今波斯湾一带阿拉伯国家）、昆仑（指马来半岛、印度尼西亚等东南亚国家）等舶，不知其数，并载香药珍宝，积载如山。其舶深六、七丈。狮子国（今斯里兰卡）、大石国（即大食国）、骨唐国、白蛮、赤蛮等往来居住，种类极多。②

---

① 参见王荣武、梁松等：《广东海洋经济》，广东人民出版社2009年版，第43—44页。
② 梁明院校注：《唐大和上东征传校注》，广陵书社2010年版，第71页。

这是唐代中期著名僧人鉴真一行在广州所见到的来华外商的盛况。当时，江中停泊着婆罗门、波斯、昆仑等地来的远洋货船，满载香药和珍宝，堆积如山。

广州，这座历史悠久的南部城市，自古以来就是中外海上贸易的主要港口。盛唐时期，来到广州的外国船只帆飘如云，侨居的外商（主要是阿拉伯人）数以万计，高峰时达10万人以上。9世纪上半叶，聚居广州的外商在怀圣寺周边筑石为城、相聚而居，形成"蕃坊"（今广州市越秀区光塔路一带）。至16世纪，广州几乎比任何一个欧洲城市都要大，人口密度让当时的西方人为之惊叹。

以广州为核心的南海郡，在历史上进献给皇帝的贡品中就以沉香、玳瑁、珍珠、象牙等舶来品为主。至明代中晚期，广州已经发展成为世界级的超大城市，从广州进口的主要商品包括香药、犀象、玳瑁、琉璃、珊瑚、砗磲、水晶、苏木、蕃布等。

清康熙二十五年（1686年），广州城西南江边开设洋货行，史称"十三行"。它是清王朝的外贸特区，一度成为中国与外国在经济、社会、文化、习俗领域相互碰撞、激荡的门户与窗口。大量的丝绸、茶叶、瓷器、香料从广州运往世界各地；而海外的大批商品也经过"十三行"的行商之手进入中国。此外，粤海关与"十三行"还承担着为皇宫采办洋货的任务，是清廷格外倚重的对外贸易平台。

（二）香港：因香而成港

中国南部的珠江口有一颗"东方明珠"——香港，它很早就是海上丝绸之路的交通要冲。位于香港九龙半岛西南部的屯门，原是广州的外港。人们将虎门称为珠江的门户，将屯门称为虎门的屏障。

1841年，英军侵占香港，作为英商对华贸易的基地。"香港"作为地名，明万历年间的《粤大记》一书就有明确记载。[①]明代至清嘉庆年间，香港原指今香港仔附近一个叫"香港"的小海湾，这里以出口沉香、檀香、伽楠香等香木而闻名。

沉香是岭南地区的特色树种，东莞、中山、茂名、惠州等地均有种植，其中东莞所产的沉香品质优良，故称莞香。明清时期，东莞等地的沉香经香港转运京师、江浙地区，因此，香港源于转运香木之港的说法较为流行。此外，香山（中山）、香洲（今珠海境内）、香山澳（澳门）等地得名均与岭南沉香有关。

（三）澳门：广州的"外港"

明正德九年（1514年），葡萄牙人开始来华贸易。16世纪初期，葡萄牙人占领满剌加（今马六甲）后，首先从阿拉伯人和印度人手里夺取了对印度洋贸易的控制权，并逐步向南洋群岛方

[①] （明）郭棐撰，黄国声、邓贵忠点校：《粤大记》下册，广东人民出版社2014年版，第941页。

向扩张其海上势力。

明代末期，明朝统治者与关外的满族统治者进行战争，需要大批武器。葡萄牙人抓住机遇，向明廷提供军火，从而带动了澳门的经济。16—17世纪，在葡萄牙人所经营的东西方海上贸易航线中，澳门举足轻重，扮演着中转站、集散地和采购点的角色。

清乾隆二十二年（1757年），随着广州"一口通商"的政策和商业优势确立，澳门在中外贸易中的有利地位更加凸显。但凡到广东从事贸易的船只，必须先将船舶停靠于澳门，待粤海关核准后，方能进入广州内河贸易。因此，澳门表面上独立于广州，实际上是广州的"外港"[①]。

（四）泉州：沉没的香料船

1974年8月，福建省泉州湾后渚港挖掘出土了一艘距今700多年的宋代古沉船。该船残长24.2米，残宽9.15米，有13个船舱，载重量在200吨以上。船上出土文物非常丰富，如香料木、药物、陶瓷器、铜铁器、铜铁钱、编织物、皮革制品、果核、动物骨骼等，其中数量最多的为香料木，有4700多斤，包括降真香、檀香、沉香、胡椒、乳香、龙涎香等香药。专家推

[①] 臧小华：《陆海交接处：早期世界贸易体系中的澳门》，社会科学文献出版社2013年版，第455页。

断，这是一艘南宋末年从东南亚回航的香料船。①

泉州湾宋代古沉船出土大量香料，足证当时香料贸易的繁荣，而贸易则是需求的反映。如古船出土的降真香，据南宋赵汝适的《诸蕃志》记载："降真香，出三佛齐、阇婆、蓬丰，广东、西诸郡亦有之。气劲而远，能辟邪气。泉人岁除，家无贫富，皆爇之如燔柴然。其直甚廉。"②大意是降真香主要产于三佛齐（今印度尼西亚苏门答腊岛）、阇婆（今印度尼西亚爪哇岛或苏门答腊岛）、蓬丰（今马来西亚彭亨）等东南亚国家。其燃烧后气味劲道清远，能祛邪辟恶，价格又很实惠，因此泉州人每逢过年，不管贫富，家家户户都要拿它像烧柴火一样焚烧。

（五）福州：郑和从这里下西洋

> 洛州良牧帅瓯闽，曾是西垣作谏臣。
> 红旆已胜前尹正，尺书犹带旧丝纶。
> 秋来海有幽都雁，船到城添外国人。
> 行过小藩应大笑，只知夸近不知贫。③

这是晚唐诗人薛能在送别友人赴福州担任牧守时所作的《送福建李大夫》。诗中描绘了每当海船一到，福州城内就增添许

---

① 参见泉州湾宋代海船发掘报告编写组：《泉州湾宋代海船发掘简报》，《文物》1975年第10期。
② 冯承钧撰：《诸蕃志校注》，中华书局1956年版，第112页。
③ （清）彭定求等编：《全唐诗》，中华书局1960年版，第6487页。

多外国人的情景，反映了当时福州港作为对外贸易的重要港口，商贸活跃、对外交流频繁的繁荣景象。

福州港古称东冶港，始建于西汉元封元年（公元前110年），是较为古老的天然良港，也是郑和七下西洋的始发港之一。明代时，市舶司从泉州移至福州，福州港与东南亚国家的互市达到一个高峰，香料则是互市中的常见商品。

明永乐三年至宣德八年（1405—1433年），郑和七次远航，出发前船队舟师曾常年驻泊在福州长乐和五虎门一带，"伺风开洋"①，即根据季风状况选择适当的时机出洋。清道光二十二年（1842年），中英《南京条约》签订后，福州被列为五口通商口岸之一。清咸丰十一年（1861年），闽海关正式成立，而管理海关的实权却落入外国籍税务司手中。

（六）扬州：鉴真东渡的大本营

鉴真是扬州人，常驻大明寺。唐天宝二年（743年）十二月，鉴真准备第二次东渡日本，从扬州药市采购麝香二十剂；沉香、甲香、甘松香、龙脑香、胆唐香、安息香、栈香、零陵香、青木香、薰陆香等六百余斤；荜拨、诃黎勒、胡椒、阿魏、石蜜、蔗糖等五百余斤；蜂蜜十斛，甘蔗八十束。唐天宝七年（748年）第五次东渡时，鉴真又采办了与第二次东渡相似的物

---

① （明）黄省曾著，谢方校注：《西洋朝贡典录校注·自序》，中华书局2000年版，第7页。

品，可见香料、香药是必不可少的。[①]

鉴真在扬州药市采购的香药，大部分并非本土所产，而是从海上丝绸之路东海航线输入的域外香料，表明当时的扬州是域外香料的重要集散地。

扬州的海外交通起于东晋，盛于隋唐。东晋隆安三年（399年），高僧法显搭乘商船由海外回到中国，从扬州上岸。武周长安二年（702年），朝廷指定扬州为日本遣唐使的登陆港口。扬州往东可达日本、新罗、高丽、百济等地，往南则通向南亚、西亚的林邑、昆仑、狮子国、波斯、大食等地。唐代末期，由于长江口沙洲发育，泥沙淤积，扬州港逐步衰落，到宋代时，转为内河货物转运港。

（七）上海：东方香巴黎

唐开元十三年至天宝元年（725—742年），继明州（今浙江宁波）、楚州（今江苏淮安）之后，上海港所在的吴淞江与青龙江交汇处成为中日商贸的主港。五代时期（907—960年），上海青龙镇与日本、高丽、契丹、大食等地已有商船往来。宋政和三年（1113年），上海首次设置市舶司。

清康熙二十三年（1684年），清政府解除海禁。次年，四大海关之一的江海关设立于江苏连云港，随后迁至上海松江。清道光二十三年（1843年）上海开埠后，许多国际知名的香料

[①] 参见梁明院校注：《唐大和上东征传校注》，广陵书社2010年版，第26、50页。

公司，如荷兰的老泡力克（Polak & Schwarz）、德国的爱克发（Agfa）、瑞士的奇华顿（Givaudan）和芬美意（Firmenich）等陆续在上海设立分支机构。此时的上海香料市场，不仅有各种天然香料，还有大量的合成香料，尤其是引入了西方现代化的香业公司，成就了"东方香巴黎"的香界地位。

五、中华异域香

中华香文化肇始于远古，萌发于先秦，形成于秦汉，完备于魏晋，兴盛于唐宋，广行于明清。中华香文化具有本土原生性，除了早期的草本类香料，还有木本树脂类香料和动物性香料，用香方式简略朴素。随着西域和南洋等地的香料相继传入，国人的用香方式也发生了改变。海外传入的沉香、檀香、龙脑、安息香、乳香、没药等，不仅对我国古代经济、社会、文化产生了多重影响，也潜移默化地塑造了国人的嗅觉审美和生活方式。

（一）香雾缭绕

海外香料的输入，丰富了我国古代的社会文化生活，在宗教祭祀、社会礼仪、居室装饰、贴身佩饰、文学艺术等方面都能看到中华香料与海外香料交融的影子。

1. 沟通人神的"香媒"

我国早期使用香料与原始信仰、祭祀活动紧密相关。先秦祭祀神明、祖宗一般用天然的草本香料。伴随着海外香料和调香技法的传入，我国的宗教、祭祀活动也开始采用合香。合香法是随佛教从印度传入我国的，发展到南北朝时期，出现了具有本土特色的合香产品。范晔的《和香方》是一部记述合香技法的专著，可惜现在只保留了一份序言。

道教的祭天、通神、辟邪等宗教仪轨都需要用香，该教使用的"三神香"就是一款合香，由沉香、乳香、白檀、丁香、藿香等香料，配以我国传统的白芷、川芎等20余种香料制作而成。香料化身烟气，沟通天、地、神、人，发挥着"香媒"的作用。

2. 语默动静皆香事

两汉时期，熏香盛行于宫廷生活。君臣礼仪、燕居娱乐、祛秽致洁，皆用香料。汉代应劭的《汉官仪》记载了尚书郎向皇帝奏事对答时要口含鸡舌香，这不仅能使口气清新，也是君臣礼仪的体现。唐代杜佑在《通典》中也郑重地记录了这件事："尚书郎口含鸡舌香，以其奏事答对，欲使气息芬芳也。"[①]后世便常以"含香"来指代在朝为官或为他人效力。

宋代各种仪式用香甚至超过前朝，香料被广泛应用于祭祀、

[①] （唐）杜佑撰，王文锦、王永兴、刘俊文等点校：《通典》第1册，中华书局1988年版，第604页。

恩赏、赇赠、朝堂办公、政治礼仪等，如太庙祭祀、国忌行香、郊祀、封禅、祈雨、祈晴、祈福等。由于香料珍贵，因而常被皇家作为宝物赏赐给后宫嫔妃和有功之臣，以示天威和君恩。

3.楼阁轩榭不辞香

我国早在西汉时就有用香料装饰屋宇的做法。唐代颜师古注解《汉书》时说："椒房，殿名，皇后所居也。以椒和泥涂壁，取其温而芳也。"[①]用花椒和泥涂抹皇后所居住宫殿的墙壁，故名"椒房"。花椒具有温暖、芳香、多子的象征，寓意着皇后能够芳香四溢、温暖后宫、多子多福。后世便用"椒房之宠"来譬喻皇帝对后妃的恩宠。

图3—3 花椒

---

① （汉）班固撰，（唐）颜师古注：《汉书》，中华书局1962年版，第2885页。

唐玄宗时，宰相杨国忠以沉香木为阁，以檀香木为栏，以麝香、乳香和土为泥涂墙，用这四种名贵的香料来建造楼阁，名之曰"四香阁"。唐开元年间（713—741年），长安巨富王元宝宅中的"礼贤堂"也以沉香为轩槛。更有达官显贵用香料制作器玩服用，装扮"香车宝马"。

4.身无长物香为伴

文人士大夫用各种香材雕刻案头清玩等物；或制成香囊随身佩戴，举步生香；或悬挂于堂室，辟邪祛秽。1972年，湖南长沙马王堆一号汉墓出土了多种香囊和香料匣子——香奁，既实用又美观，表现嗅觉审美和视觉审美的高度统一。

明代平民佩香也蔚为风气。当时由于用香规模巨大，进口海外香料就成了顺理成章的事，丁香、麝香、苏合油、甘松香等被用于制作各种与香有关的饰品，除了香囊，还有香串、香坠、合香扇等。

5.文思泉涌香润笔

早在荷马时代，西方文学就将香气和爱情联系在一起。在荷马笔下，爱神阿佛洛狄忒浑身散发着异常浓烈的香气，象征着炽热的爱情；中国的文人雅士则把香作为文学表现的对象。王维、杜甫、李煜、欧阳修、苏轼、黄庭坚、李清照、杨万里、朱熹、纳兰性德、沈复等都有关于香的咏叹。

明清小说、戏曲中关于香料、香药、香膳的描写就更为普遍了。如明代冯梦龙纂辑的"三言"(《喻世明言》《警世通言》

图 3—4　清代金嵌珠石累丝香囊

《醒世恒言》)、凌濛初编著的"二拍"(《初刻拍案惊奇》《二刻拍案惊奇》),反映了晚明市民生活的生动细节,也记述了平民贩香的故事;清代《红楼梦》中供饮用的"玫瑰清露"和"木樨清露";《镜花缘》等小说也勾画了香料在日常生活中的应用场景。

(二) 中华食药外来香

我国饮食文化源远流长、包罗万象,香食文化也蕴含其中。本土香料和域外香料共同"烹饪"了一道道美味菜肴,谱写了一曲曲多元文化融合的"香颂"①。

---

① 法语"chanson"(歌曲)的音译。

1.齿颊留香

早在先秦时期，我国先民就已懂得用花椒、姜、桂、芥酱、韭、薤、葱、蒜等为食物调味[1]，汉唐之后，胡椒、豆蔻、砂仁等海外食药两用的香料传入，增添了食物风味，也改变了烹饪方式，进而影响了中国人的饮食结构。

宋代林洪在《山家清供》中记录了用胡椒、莳萝、茴香等东南亚香料烹饪的方法，还用木香和香花制作菜肴，如"山家三脆""木香菜""满山香""牛尾狸""牛蒡脯""不寒齑"等。[2]

元代忽思慧在《饮膳正要》中关于胡椒的记录有30余条。[3]中晚明时期，胡椒、苏木、丁香、檀香、豆蔻、茴香、荜拨、藿香等，广泛进入平民家庭的锅碗盘碟，成为饮食中的常客。海外香料与中华饮食的互补，可谓世界文化交融的缩影。

2.琼浆玉液

香料不限于烹饪食物，还经常用于腌制果肉、调制浆液、制作香茶等。我国上古时期用植物香料酿酒，如椒酒、柏酒、桂酒、菖蒲酒等，这些都是延年益寿的药酒。明代高濂在《遵生八笺》中记有五香烧酒、羊羔酒、红白酒药、东阳酒曲等。其中，五香烧酒的主要原料包括檀香、木香、乳香、没药、丁香等域外香料。还有各式汤品，如黄梅汤、须问汤、梅苏汤、

---

[1] 参见杨钊：《中国先秦时期的生活饮食》，《史学月刊》1992年第1期。
[2] 参见（宋）林洪撰，章原编著：《山家清供》，中华书局2013年版。
[3] 参见（元）忽思慧撰，刘玉书点校：《饮膳正要》，人民卫生出版社1986年版。

醍醐汤等,它们是采用檀香、茴香、丁香、木香、麝香等海外香料调制而成的。① 宋代"点茶"还会在烘焙茶叶或吃茶时调入沉香、檀香、肉桂、龙脑、麝香等香料。可谓众香荟萃,从嘴一直香到肚子里。

3.香药延年

很多香料食药均可,既能丰富食物风味,又能发挥食疗的功用。比如,沉香在南北朝时期即已入药,五代李珣在《海药本草》中记载了沉香、丁香、肉豆蔻等香料的药用价值。②

香料的医药用途在宋代进入兴盛期。北宋医官王怀隐所编的《太平圣惠方》记载的以香药命名的方剂多达120种,如沉香圆(丸)、安息圆(丸)、阿魏圆(丸)、沉香散方、木香散方等。③ 清代赵学敏的《本草纲目拾遗》记载了一款"藏香方",它是将速香、沉香、黄熟香、黄檀香、广木香、母丁香、细辛、生军(大黄)、乳香、金颜香、苏合油、伽楠香、水安息、玫瑰瓣、冰片等20种香药调和研制而成的复合香药。④

秉天地之灵气,聚日月之精华的香料、香药,本身就带着良好的疗愈之效,可净化人们的身心。中晚明以降,"食药同源"逐渐成为社会的共识,养生保健成为饮食文化的重要内容。除以

---

① 参见(明)高濂著,王大淳校点:《遵生八笺》,巴蜀书社1992年版。
② 参见尚志钧辑校:《海药本草(辑校本)》,人民卫生出版社1997年版。
③ 参见(宋)王怀隐等编:《太平圣惠方》,人民卫生出版社1958年版。
④ 参见(清)赵学敏著,闫冰、勒丽霞、陈小红等校注:《本草纲目拾遗》卷二,中国中医药出版社1998年版,第32—33页。

香料入膳之外，焚香也是一种疗法，具有抑制霉菌、驱除秽气、引导情志等作用，能使人在肉体和精神上得到疗愈。古老的香疗法博大精深，现代的香疗、香氛产业是它的延伸与拓展。

4.衣袂飘香

东晋道教医学家葛洪说："人鼻无不乐香。"[1]为了随时品赏各种香气，熏衣在皇室贵族中广为流行，它是礼仪的一部分，也是高贵身份的象征。从目前我国出土的两汉时期的熏笼、提笼的多样性和精致度中，可以窥见汉人对熏香的热衷。在唐代的重要庆典仪式中，焚香、熏衣更是司空见惯。宰相元载的夫人王韫秀还发明了一种特别的熏衣方法：将长三十丈的四十条青丝绦同时悬挂铺开，下面放着二十枚金银炉，炉中焚烧异香，场面盛大。清代李渔还推介了一种"暖椅"，据说功效赛过熏笼数倍。[2]此外，熏衣的香料和香方也是应有尽有，既有"梅花香""千金月令"等熏衣合香，也有藿香、安息香等单品熏衣香，不胜枚举。

5.粉黛香汤

五代词人顾敻在《虞美人》中写道："香檀细画侵桃脸，罗袂轻轻敛。"[3]在用香料、香药使自己变美这一点上，人类不遗余力、细致入微。《齐民要术》记载了制作香粉、面脂、手脂等

---

[1] 王明撰：《抱朴子内篇校释》卷十二，中华书局 2018 年版，第 230 页。
[2] 参见（清）李渔撰，杜书瀛译注：《闲情偶寄》，中华书局 2011 年版，第 245—253 页。
[3] （唐）温庭筠等著，（后蜀）赵崇祚编：《花间集》，四川文艺出版社 2021 年版，第 229 页。

香品的各种方法。①在唐代，人们很喜欢用香料制成的美容护肤品，如香粉、香露、面脂、手霜、口脂、洗浴用品等，此外还有很多口含、内服、涂敷的香品。用来搽脸的"和香粉""面香药"就含有白檀香、丁香、龙脑、麝香等域外香料。清宫医药档案中还记有慈禧、光绪御用的香发方、香皂方、香浴方和香丸方等。

早在先秦时期，人们就已懂得用泽兰等香草煎汤沐浴洁身。历史上酷爱沐浴的，莫过于宋人。上至庙堂大夫，下至贩夫走卒，无不蔚然成风。北宋汴京（今开封）和南宋临安（今杭州）遍布"浴堂巷""浴室院""香水行""浴肆"，澡客络绎不绝，以至到过杭州的马可·波罗惊叹："此行在城中有浴所三千，水由诸泉供给，人民常乐浴其中，有时足容百余人同浴而有余。"②

爱泡澡的苏轼还写过一首《如梦令》："水垢何曾相受，细看两俱无有。寄语揩背人，尽日劳君挥肘。轻手，轻手，居士本来无垢。"③甚是诙谐逗趣，上了年岁后他还念想着："老来百事懒，身垢犹念浴。衰发不到耳，尚烦月一沐。"④此外，还有洗脸用的"面汤""金章宗宫中洗面散"，梳头用的"绿云香"，敷足用的"莲香散"等，不一而足。

---

① 参见（北魏）贾思勰著，石声汉校释：《齐民要术今释》上册，中华书局2009年版，第462—475页。

② 〔意〕马可·波罗著，冯承钧译：《马可波罗行纪》，上海书店出版社2006年版，第354页。

③ 唐圭璋编纂，王仲闻参订，孔凡礼补辑：《全宋词》第1册，中华书局1999年版，第400页。

④ （清）王文诰辑注，孔凡礼点校：《苏轼诗集》卷二十，中华书局1982年版，第1034页。

第四章

中华味道：国产香料出海档案

自汉代以来，各国商船将主要产于马来群岛、印度半岛和阿拉伯半岛的香料源源不断运往西方和东方，形成了海上香路。而历史的另一个侧面是，当外国香料批量输入之时，中国香料也沿着基本相同的路线输出到世界各地，形成了双向的海上香路。

一、麝香：从丝路到海上丝路的见证者

13世纪的阿拉伯作家伊本·艾比·哈迪德在他的文集中讲过一个故事：他在夜间旅行时，天使加百列（Gabriel，基督教称谓，伊斯兰教称吉布列）把他放在一张毯子上，然后给他一颗温柏子（一种芸香科柑橘属果树的果实）。果实裂开，从中走

出一位他从未见过、美貌无双的侍女。侍女恭敬地向他致意,说道:

> 我身体的上半部是龙涎香,
> 中间是樟脑,
> 而下半部是麝香。

侍女提到的麝香是中国传统的名贵中药,是麝科动物如原麝、林麝、马麝、黑麝等成熟雄体在肚脐和生殖器之间的麝香囊中分泌的芳香物质。另外,麝鼠分泌的芳香物也属于麝香。麝香被称为"香中之王",居四大动物性天然香料之首,另外三种是灵猫香、海狸香和龙涎香。伊斯兰世界地处东西方的接合部,融贯东西是其文化的核心精神。因此,麝香、龙涎香、樟脑似乎也象征着伊斯兰文化的多元聚合。法国历史学家阿里·玛扎海里认为:

> 伊朗在3—7世纪之间消费的麝香……完全属于伊朗和中国之间贸易的范畴。因为无论是在伊朗,还是在帕米尔以远的任何地区都不出产麝香。为了得到这种产品,必须与中国人,而不是与中东诸民族做交易。[1]

---

[1] 〔法〕阿里·玛扎海里著,耿昇译:《丝绸之路——中国—波斯文化交流史》,新疆人民出版社2006年版,第438页。

与哈迪德同时代的马可·波罗在他的游记中至少有三次比较细致地记述麝香，分别谈及麝香的产地、猎取方法及交易情况："唐古特省（今西藏一带）……有世界最良之麝香……香气过浓，难以忍受。""猎人于新月升时往猎此兽"，此兽"形如羚羊"，"毛类鹿而较粗，头无角"，"捕得此兽后，割其血袋，放到太阳下晒干"。① 马可·波罗所说的"血袋"，是指麝鹿的麝香囊。可能因为距边境更远，马可·波罗发现四川近藏一带的麝香很少有机会出售，即便有商人收购，价格也极为低廉。

图4—1 野生麝鹿

《马可波罗行纪》没有告诉我们的是，马可·波罗游历中

---

① 姬庆红：《马可·波罗与麝香——兼论马可·波罗来华的真实性》，《中国藏学》2020年第1期。

国，目的之一就是从事麝香贸易。他的叔叔马菲奥·波罗于公元1310年（即元至大三年）2月6日草拟的遗嘱，提到了叔侄二人共同贩卖麝香的事：他们曾将一笔钱委托给三名商贩代购麝香。然而，这些商贩并没有信守承诺，一个叫马凯斯诺的商贩的儿子保罗·贝伦戈替他父亲赔付了马可·波罗和他的叔叔相当于400镑的威尼斯金币，马可·波罗获得其中的2/3。另外，三名商贩还要赔偿他们86萨觉（贵重商品的重量单位，1萨觉约等于4.3克）的麝香。至于他们有没有收到这笔赔偿，遗嘱没有记载。

马可·波罗于1324年去世，遗产中包含三箱麝香，总重为83磅，价值217杜卡特（重量单位，1杜卡特约等于3.25克）金币，相当于705克黄金。[1]这足以说明马可·波罗游历中国，既有经济利益的驱动，也有坚实的财力保障，进而也说明了不是每个人都有条件写出像他那样跨越文化藩篱的游记。

吐蕃麝香的高品质源于各种麝科动物（有的地方俗称香獐子）食用的香草。比如有一种香草就只生长在我国西藏与克什米尔地区，[2]食用这种香草的麝鹿所产的麝香被认为是最优质的，比食用印度甘松和玛瓦（一种带有麝香味的草料）的麝鹿所产的

---

① 参见姬庆红：《马可·波罗与麝香——兼论马可·波罗来华的真实性》，《中国藏学》2020年第1期。

② 参见安娜·阿卡索伊、罗内特·约耶里—特拉里姆、叶静珠穆：《麝香之路——西藏与伊斯兰世界的交流》，《藏学学刊》2017年第2期。

麝香品级更高。有人说，每一种香料都有自己的故乡，对吐蕃麝香来说更是如此。

麝香为何受到异域消费者欢迎呢？因为它在中亚和西亚的用途极为广泛，从外用到内服，从治疗头部疾病到强健器官从治眼病到解毒，甚至消除忧虑等，繁复多样。①

由于麝香的独特功效，上流社会对它的追求超过了龙涎香、甘松香、樟脑和芦荟。不过这些都属于实用层面，实际上麝香在中亚和西亚已经上升为一种文化象征。阿拉伯人丹尼尔说："在梦中拆开一麝香囊者，就会与一富贵的女子结婚。""梦见麝香者将会变成智者或强者。"②甚至在阿拉伯人的宗教信念中，麝香也象征着某种信仰美德："若是举意为了遵行圣人的圣行而在清真寺大殿里点香、家中点香、身上洒香水，那么这是顺服真主，在后世，他的气味比麝香还香。"③

总之，从3世纪到20世纪初，麝香除了在我国拥有广阔市场外，同时也连绵不断地供应给中亚、西亚及欧洲的客户。在贸易期间，麝香出口的路径发生了巨大变化，即从陆运改为了海运。

麝香贸易途径改为以海运为主，与其他香料一起奔赴海上

---

① 参见〔法〕G.费琅辑注，耿昇、穆根来译：《阿拉伯波斯突厥人东方文献辑注》上册，中华书局1989年版，第317页。

② 〔法〕阿里·玛扎海里著，耿昇译：《丝绸之路——中国—波斯文化交流史》，新疆人民出版社2006年版，第444页。

③ 张多：《香之路：超越香料范畴的"一带一路"香文化研究》，《宁夏社会科学》2018年第2期。

香路，部分麝香仍照常从陆地运输。这至少反映了三个重要的事实：第一，至少到17世纪，麝香的海外消费市场还在持续扩大。第二，以吐蕃麝香为代表的中国麝香已经无法满足市场需求，势必催生其他产地的麝香填补市场空缺。第三，传统的丝绸之路、麝香之路受到海上丝绸之路、海上香料之路的严峻挑战，对世界贸易格局的影响极其深远，毕竟海路上的旅行家们"享受到了骆驼队所未曾体验过的安逸"[①]，且海船的运载量是传统驼队完全无法匹敌的。

1890年重庆开埠后，原先通过麝香之路西运的藏地麝香，大多从西藏转向康定，再转成都、重庆，由重庆顺长江东下，最后从上海分销各个国家和地区。日本、美国也逐渐取代法国麝香消费主力的地位，成为20世纪前期最重要的麝香进口国。

我国从20世纪50年代开始尝试人工饲养麝鹿。近年来，人造麝香已经量产，但许多消费者仍然迷恋天然麝香，导致违法猎杀野生麝鹿的现象时有发生。保护野生麝鹿、维持生态平衡仍是今天社会必须重视的问题，也是我国继续在麝香生产上保持国际领先地位的前提和保证。目前，麝科动物如安徽麝、林麝、马麝、黑麝、喜马拉雅麝、原麝等，都已被国家列入《国家重点保护野生动物名录（I级）》。

[①] 〔法〕阿里·玛扎海里著，耿昇译：《丝绸之路——中国—波斯文化交流史》，新疆人民出版社2006年版，第2页。

二、大黄：引发商战的"万灵药"

大黄是一种蓼科草本植物，也是我国的传统药物，现在多以蓼科多年生掌叶大黄、唐古特大黄、药用大黄的干燥根和根茎为正品。河南、河北、山西、四川、青海等地盛产大黄，其根茎粗壮，多生长于海拔较高的清凉山谷之中。

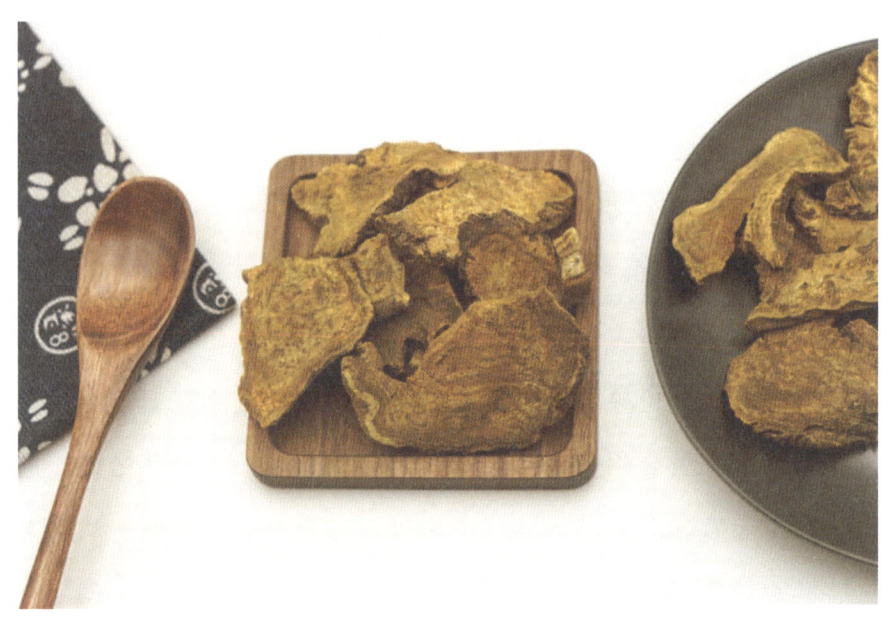

图 4—2　大黄切片

早在公元前后，中国大黄就分别通过茶叶之路和香料之路传到欧洲。通过茶叶之路西传的大黄常被称作"莫斯科大黄"，通过香料之路西传的则称为"印度大黄"。这里的"莫斯科""印度"并非香料的原产地，而是中转站。有些香料商人为了增强香料作为奢侈品的神秘感，有时故意掩盖它们的原产地信息以获得更大的利益。正如玛扎海里所说，"香料商们赋予了'印度'一名这种广义，所有舶来品都叫作'印度的'"，因为"印度"一词含有"外洋"和"海外"的意思，而实际上，"主要是中国的学问被记在了印度的账上"。①

英国商人海运大黄，一般把它们装在白铁箱子里，每箱30～60千克。但由于海洋季风和湿气的影响，大黄的根茎很容易腐烂变质，丧失其原有的气味和功效，因此通常要先晒干才能出售。海路对陆路造成的冲击，在大黄贸易过程中同样体现得很明显。

中国大黄在中东、欧洲广为人知，各种医书、药典、笔记都描述过它的用途。《治愈人类病痛的药典》记载：

> 大黄被粉碎之后（还应用醋稀释），则可以治愈雀斑。大家认为大黄合剂可以治好胃气和消化不良，此外还治肾、膀胱、子宫、肝和脾的疼痛。它可以治愈坐骨神经痛、从肺部吐血、哮喘、阴囊炎、呼吸道疾病、心跳过速、肠胃疼痛、痢疾、间歇热、中毒和毒兽咬伤。②

---

① 〔法〕阿里·玛扎海里著，耿昇译：《丝绸之路——中国—波斯文化交流史》，新疆人民出版社 2006 年版，第 449—450 页。
② 〔法〕阿里·玛扎海里著，耿昇译：《丝绸之路——中国—波斯文化交流史》，新疆人民出版社 2006 年版，第 456 页。

由于用途广泛，近千年来，中国大黄在中东和欧洲一直拥有庞大的市场，并与其他香料及商品一起，形成了一条中国至欧洲的较为稳定的海上香路。

中欧香路的主要终点是英国、法国、荷兰、瑞典、丹麦、俄罗斯。在这条路上，中英贸易的商船为多。中英贸易分为直接贸易和间接贸易，直接贸易不在中途销售而直运目的地，而间接贸易多以印度为市场，先销售中国香料，再购买英国本土需要的印度商品。资料表明，1705—1750年，英国商船从广州回航采购中国香料的大致情况如表4—1。

表4—1　1705—1750年英国商船从广州采购香料摘录[①]

年份	商船名称	香料等商品	货值（两）	返航地点
1705	肯尼特号	干姜500担	2000	英国伦敦
		大黄15担	460	
1716	马尔巴勒号	樟脑、水银等	—	印度马德拉斯
1722	沃波尔号	樟脑、土茯苓等	2025	印度马德拉斯
1722	艾尔斯号	干姜250担	500	印度孟买
		樟脑100担	2500	
1723	沃波尔号	干姜500担	1000	英国伦敦
1732	康普顿号	樟脑	2476	印度孟买
1739	哈林顿号	雄黄、水银等	—	印度孟买
1750	—	大黄	—	—
合计	8艘			

---

① 参见〔美〕马士著，区宗华译，林树惠校，章文钦校注：《东印度公司对华贸易编年史（1635—1834年）》第1卷，广东人民出版社2016年版。

清乾隆二十二年（1757年），为应对西方日益扩张的商贸冲击，清政府规定广州"一口通商"，即所有西方国家商船只能到广州口岸交易，中国香料亦随其他商品从全国各地向广州汇聚。这一时期，中国香料的外贸规模和品类，大致能从广州口岸的贸易情况中反映出来。表4—2是1759—1834年英国商船从广州回航采购中国香料的部分记录。

表4—2　1759—1834年英国商船从广州采购香料摘录[①]

年份	商船名称（船长）	香料品种及数量
1759	沃波尔号（芬纳）	藤黄3盒、大黄15盒、姜黄10盒又50袋
1765	不列颠国王号（皮古）	大黄120两
1765	诺森伯兰号（米特福德）等船5艘	大黄40箱
1774	公司职员私人贸易	桂皮及肉桂77箱、大黄49箱
1776	皇家亨利号（劳斯）	姜黄170担、肉桂40箱
1784	公司船9艘	大黄154担、肉桂862担、姜黄616担
1792	公司船20艘	大黄339担、肉桂480担（货值共23670两）
1792	散商船20艘	姜黄60担、樟脑625担
1827	孟加拉商船	桂皮1100担
1834	怡和洋行萨拉号	桂皮883担、大黄419担、土茯苓7475担
合计	超过60艘	—

---

① 参见〔美〕马士著，区宗华译，林树惠校，章文钦校注：《东印度公司对华贸易编年史（1635—1834年）》第1卷，广东人民出版社2016年版。

鸦片战争前夕，中国香料输出主要以樟脑、桂皮、大黄等为大宗。樟脑平均每年出口约2000担，平均价格为25元/担，货值为50000元；桂皮平均每年出口约30000担，平均价格为8元/担，货值为240000元；大黄平均每年出口约1000担，平均价格为45元/担，货值为45000元。这些香料大部分运往印度，小部分销往欧美。[1]

从长时段来看，这种情况不是偶然的，因为大黄是近代"少数几种外贸主导权掌握在外商手中的中药材之一"，甚至是"全球化时代到来之前即具有全球意义的商品"[2]。近千年来，西方人对大黄的依赖，在很大程度上催化了我国明清时期"以商制夷"的外交政策。明嘉靖初年，甘肃巡抚陈九畴就认为，要控制入侵新疆哈密的吐鲁番汗国，只需要控制某些特殊商品就行了。

> 彩缎不去，则彼无华衣；铁锅不去，则彼无美食；大黄不去，则人畜受暑热之灾；麝香不去，则床榻盘虺蛇之害。[3]

这种观念长期存在且广泛流行，对后来林则徐赴广东禁烟，

---

[1] 参见姚贤镐编：《中国近代对外贸易史资料（1840—1895）》第1册，中华书局1962年版，第259页。

[2] 林日杖：《近代中国大黄贸易的基本态势——基于来华西人贸易报告的考察》，《福建师范大学学报（哲学社会科学版）》2017年第6期。

[3] 陈高华编：《明代哈密吐鲁番资料汇编》，新疆人民出版社1984年版，第319页。

主张用茶叶、大黄克制洋人产生了直接的影响。但林则徐更看重茶叶的作用,认为大黄出口不多,也并非西方人的必需之物,不必严禁。清道光二十年(1840年)三月,他在奏折中说:"至大黄、茶叶二物,固属外夷需要,惟臣历查向来大黄出口多者不过一千担,缘每人所用无几,随身皆可收存。且尚非必不可无之物,不值为之厉禁。"①但当时以茶叶、大黄制服洋人的思想风行朝野,上下都笃信该论,英勇抗英的广州三元里人民也坚定认为:"我天朝茶叶、大黄各样药品,皆汝……养命之物,我天朝若不发给,尔等性命何在?"②

尽管"茶黄制夷"的观点盛极一时,且清政府也采取严厉的措施禁止"茶黄"出口,但无奈走私贸易风起云涌,外国商人尤其是英国商人还是通过私商、散商而非行商,购买了巨量的大黄。1833年,英国东印度公司对华贸易的垄断特权被取消后,次年3月第一艘自由贸易船,即怡和洋行的"萨拉号"就载着419担大黄驶往英国。

第一次鸦片战争失败后,广州的大黄输出有增无减,达到高峰。虽然"茶黄制夷"论缺乏充分的科学依据,但至少证明以大黄为代表的中国香料在当时的全球市场中需求旺盛,占有重要地位。学界基本认同这一观点,广州是中国香料输出首选

---

① 齐思和等整理:《筹办夷务始末(道光朝)》第1册,中华书局1964年版,第172页。
② 广东省文史研究馆编:《三元里人民抗英斗争史料(修订本)》,中华书局1978年版,第88页。

的港口之一。

表4—3 1844年各国商船从广州采购大黄摘录[①]

国家	大黄数量（担）	货值（银圆）
英国	2077	94065
美国	412	18548
丹麦	86	3870
比利时	24	1002
德意志	35	1426
法国	1	—
合计	2635（约26.35万斤）	超过118911

三、肉桂：北美人至爱的"灵木"

肉桂不同于食用桂皮，但常被人混同。一般来说，肉桂比食用桂皮厚，药性及适用范围比食用桂皮广，更关键的是，肉桂含有桂醛，而食用桂皮没有。[②]根据博物学家的分类，肉桂主要分为两种：锡兰肉桂和中国肉桂，后者比前者气味更浓烈，热而辛辣。中国肉桂主要生长于广东、广西、云南、福建等热带及亚热带地区，乔木高大，月均气温高于20℃时才会生长。古人认为广西以"桂"为名，就与肉桂有关。宋代范成大在《桂

---

① 参见林日杖：《近代中国大黄贸易的基本态势——基于来华西人贸易报告的考察》，《福建师范大学学报（哲学社会科学版）》2017年第6期。

② 参见陈雪娇：《中药肉桂与食用桂皮的比较与鉴定分析》，《中国医药指南》2020年第8期。

海虞衡志》中说："桂，南方奇木，上药也。"秦始皇在岭南设立新郡以"桂林"为名，显然也是结合了当地的特色物产。①

1784年2月22日，刚刚赢得独立战争的美国还没有从创伤中恢复，就派出了前往中国的第一艘商船——"中国皇后"号。它载着43名船员，从纽约东河出发，先后经过大西洋佛得角群岛、非洲好望角、印度洋、巽他海峡、澳门、虎门，于8月28日抵达广州黄埔港。

"中国皇后"号带来的货物包括铅、绳索、西洋参、酒、木板、布匹，总价值为291000美元。其中价值最高的是57687磅西洋参，卖了240000美元。据计算，首航的利润率是25%~30%。"中国皇后"号首航中国大获成功的消息，在广州及返航途中通过其他商船迅速传遍了欧洲商人圈。

1785年5月11日，"中国皇后"号几乎按原路返回纽约，《纽约邮报》《独立日报》等竞相报道，极大地激发了美国商人对东方贸易的热情。那么，"中国皇后"号从广州进口了哪些货物呢？据曾在大清皇家海关总税务司工作过多年的美国历史学家马士记载：除红茶2460担、绿茶562担、本色棉布24担、瓷器962担、丝绸490片之外，还有21担（每担约合133磅）肉桂，购入总价为71767两白银，其中肉桂为305两白银。与丝绸、瓷器、茶叶等传统大宗商品相比，肉桂似乎可以忽略不计。

---

① 参见梁金荣、周珍朱：《广西、桂、八桂及其他别名得名之由》，《广西地方志》2020年第6期。

然而，就是这样一段不起眼的记载，一直让众多香料文化史家兴奋不已，认为这是中美开启香料贸易的鲜活记录，具有重大的历史意义。事实上，"中国皇后"号的船主列出的货物清单与上述记载略有差异：武夷茶700箱、熙春茶100箱、本色棉布20000块、瓷器25000美元、黄金与丝绸169000美元，购入总价为276000美元。

很明显，在船主列出的清单中，原先用"担""片"计量的货物都改成了"箱""块"，或直接用美元计价。虽然丝绸、瓷器、茶叶等大宗商品也在清单内，但并未记载肉桂；而且276000美元似乎也远高于71767两白银的购买力。不少香料史家认为，这是"中国皇后"号的某些研究者为了故意遮盖中美香料贸易的重要事实，贬低其历史意义而有意为之。然而事实果真如此吗？

查证历史发现：马士的记载源于英国东印度公司的报告。那么，东印度公司又怎会获取美国商船的进货清单呢？历史的诡谲就在这里。按照当时广州的贸易体制，任何外国商船到广州交易，都必须由一家中国行商（又称保商）做担保。为"中国皇后"号担任保商的人，恰好是大名鼎鼎、号称"世界首富"的潘启官（即潘振承）。他身为行商首领，对整个华南的对外贸易具有重要的影响。

"中国皇后"号作为第一艘美国商船远航中国广州，但美国和中国的态度是有明显差异的。为确保贸易顺利，纽约州州长乔治·克林顿专门为这次远航签署了检疫和航行结关证、海上通行证，美国国会也授予它海上通行证，因为他们确实不清楚一个新生国家的船只进入中国开展贸易需要什么文件。而清朝官商阶层对这些国际法律、规则层面的东西似乎比较淡漠，除了表示欢迎之外，大多数人甚至不知道美国人与英国人有什么区别，因为他们长相相似、语言相同，又同样来自西洋。

在此背景下，潘启官"为了便利"，并未将美国人和英国人的区别告知粤海关，因为他要担保的商船实在太多，不想给自己增加麻烦，何况只是完成一笔交易而已，账目记在哪国名下，在他看来并无妨碍。就这样，"中国皇后"号的货物清单就化繁为简，记在了英国名下，最后被东印度公司存入档案就合情合理了。不过，这只能简单理解成当时的行商并不具备严肃的国际观念，对于不同国家的差异不够重视，很难说潘启官耍弄了什么阴谋诡计。

但清单中为何会诡异地出现"肉桂"这一项呢？

原来英国商船的船长一般都有60吨的私人货品，这些货品的常规清单是：茶叶、本色棉布、瓷器、肉桂，除了黄金和丝绸外，与"中国皇后"号的进货清单完全一致。[1] 这极可能从侧面说明，很多进货清单并不苛求"货物"与"清单"对应一致，而只是在进货价格、数量、少数商品上稍作调整，以满足海关

---

[1] 以上关于"中国皇后"号首航的资料，均参见〔美〕菲利普·查德威克·福斯特·史密斯编，《广州日报》国际新闻部、法律室翻译：《中国皇后号》，广州出版社2007年版。

的纳税要求。潘启官"为了便利",应该也是这么做的。虽然"中国皇后"号这次首航并未采购肉桂,但恰恰从另一个角度证明了中国肉桂不但是出海的常规品类,而且也是英国船长心目中的"心水货"(粤语指喜欢的东西)。

外国商船办妥所有手续后,会获得一张获准离港的船牌。左图是1831年澳门海关(隶属于粤海关)发放给美国"苏门答腊"号商船船长查尔斯·朗迪的船牌照。船牌将朗迪写作"嚙唎"。

图4—3　粤海关给予美国商船的船牌[①]

1789年,随着越来越多的美国商船直航广州,富有冒险精神的美国商人回航时又开辟了太平洋航线,即从广州出发,横跨太平洋,绕过南美合恩角,进入南美东部海域,最后回到纽约。虽然这条航线较为曲折,且受季风影响,风险更高,但它

[①] 参见〔美〕菲利普·查德威克·福斯特·史密斯编,《广州日报》国际新闻部、法律室翻译:《中国皇后号》,广州出版社2007年版,第203页。

避开了英国对美国商船的骚扰,提高了中美航线的自主性。毕竟,中美贸易在某种程度上对中英贸易构成了"严峻的挑战"[①],正如葡萄牙占领澳门后,极力压制后起的西班牙扩张东方航路一样,英国也不会让美国轻易从中国市场分一杯羹。

此后,中美贸易迅速发展,至19世纪初,美国已成为中国第二大贸易伙伴,仅次于英国。1824—1832年,短短9年间,美国商船从广州大量采购桂皮和肉桂,大部分销往本土,小部分销往欧洲和南美,说明美国与英国一样,也存在间接贸易,更说明人们对某种香料的喜爱,完全可以超越文化观念的隔阂。由于这9年处于"一口通商"阶段,因此广州的香料出口大致能反映中国向美国出口香料的整体面貌。

表4—4　1824—1832年美国商船从广州采购香料摘录[②]

年份	品种及数量(担)	货值(元)	销售地点
1824	桂皮 8634	—	美国
	桂皮 779	—	欧洲
1825	桂皮 9023	198306	美国
	桂皮 807	16947	欧洲
1826	桂皮 4035	68505	美国
	桂皮 217	3726	欧洲
	桂皮 87	1479	南美和南桑威奇群岛（今夏威夷群岛）

---

① 〔美〕埃里克·杰·多林著,朱颖译:《美国和中国的最初相遇——航海时代奇异的中美关系史》,社会科学文献出版社2014年版,第83页。

② 参见〔美〕马士著,区宗华译,林树惠校,章文钦校注:《东印度公司对华贸易编年史(1635—1834年)》第1—5卷,广东人民出版社2016年版。

续表

年份	品种及数量（担）	货值（元）	销售地点
1827	桂皮 1100	17600	欧洲
1828	桂皮 2916	40824	美国
	桂皮 1787	25018	欧洲
1829	肉桂 2883	37479	美国
	肉桂 119	1785	欧洲
	肉桂 113	1469	巴西
1830	桂皮 1828	21936	美国
	桂皮 635	7620	欧洲
1831	桂皮 3541	37181	美国
1832	肉桂 7428	89136	美国
	肉桂 918	11016	欧洲
合计	桂皮 35389 肉桂 11461	超过 580027	—

当代美国人酷爱肉桂粉，往往会在苹果派、吐司、甜甜圈、面包等食物上面撒上一层以增添风味；还有一种特制的肉桂卷，就是在原味面包卷上撒满糖霜和肉桂粉，以突出肉桂的主调。据说这种肉桂卷是瑞典人发明的，后来成为北欧的"国民甜点"。1999年，瑞典家庭烘焙协会提议将每年10月4日设为"肉桂面包卷日"，得到瑞典人的热烈响应，肉桂卷更是得到万众喜爱。

2006年上映的日本电影《海鸥食堂》讲述的是另一个充满文化隐喻的故事：日本中年妇女幸江在芬兰首都赫尔辛基独自

经营一家日本餐厅，起初她认为只要用心，一定会吸引顾客，不料她带着感情制作的日本饭团却无人问津。直到她深入感受当地文化后，尝试制作了香气浓郁的"肉桂面包卷"，这才吸引了以前只在橱窗外观望的社区老太太们走进小店，让当地人逐渐接纳了这家懂得融入当地、制造小小幸福的"海鸥食堂"。

这部温情电影似乎提醒我们：触摸一个群体的"胃"，才能打动他们的"心"，而所有人的胃，都可能被同一种香料打动，因为某种香料独特的气味，完全可能冲破文化的障碍。

四、双向奔赴：华夏与南洋的跨海"香会"

我国珠三角与东南亚位于太平洋西北，水陆相通，自古你来我往，休戚与共。历代移居东南亚的华人达上千万人，与母国保持着密切的经济、人文交往，对中药材（包括香药）的需求也很旺盛。华夏与南洋的汇合，也是以香为纽带的跨海"香会"。

早在秦汉时期，我国香料就以中药的形式出现在交趾一带。交趾，秦时属象郡，汉武帝时设立交趾、日南、九真三郡，三国、南齐、唐代均有中医将中药带往该地区。宋代以后，中药里的麝香、大黄、当归、远志等具有特殊香味的香药开始传入缅甸、泰国等地，既供华人使用，也受到当地人的欢迎。明清时期，随着造船和航海技术的进步，我国香料出口规模及市场进一步扩大，出口品种主要有麝香、沉香、大黄、姜黄、肉桂、桂皮、樟脑等，散发着独特的中华味道。其中，大部分是作为中药材出口，多数可直接用作食材，单纯用于精神享受的香料不多。

图4—4 东南亚美食以香为魂

在"一口通商"时代，澳门、虎门、黄埔是所谓"广州体制"①的组成部分。澳门虽是"外港"，实则更像我国的"内河"，是广州海外贸易的延伸。香港开埠后，"广州体制"基本瓦解，而广州、香港、澳门又形成了新的互补关系：广州从以前的货

---

① 美国历史学家范岱克认为，1700—1842年，珠江外贸形成了一种独特的"广州体制"，它是涉及政府管理、资本市场、代理商、通事、引水人等多个层面的系统。"这个系统不可能在任何其他口岸复制"，它既有效率，也存在很多弊端。参见〔美〕范岱克著，江滢河、黄超译：《广州贸易——中国沿海的生活与事业（1700—1845）》，社会科学文献出版社2018年版，第1—5、172页。

物集散和外贸中心转向以货物集散为主；澳门从以前的仓储中心和转运港日益边缘化，"变成了英国侨民的消遣处"①；香港基本取代了澳门的原有功能，成为新的仓储、转运和外贸中心。在新的国际贸易格局下，香港不仅成为珠三角的出海枢纽，甚至发展为华南、华东和东南亚的贸易中心，区位优势迅速提升，我国香料的出海之路也就更加顺畅。由于双方都有香料进出口，因此粤港澳—东南亚香路可谓"双向海上香路"，意义深远。

五、嗅觉里的中国：中华香料体验史

中华香料出海，当然远不止麝香、大黄、肉桂，还包括沉香、檀香、鸡舌香、乳香、桂皮、樟脑、生姜、姜黄、花椒等，它们在不同的自然和社会环境下，与当地文化结合，塑造了各国各民族消费者对中华文化的认知和想象。需要注意的是，并非所有从我国出口的香料都是中华香料，有些是进口再转外销的，比如乳香（也叫薰陆香），原产于大秦（罗马帝国及近东地区）海边的沙滩，乳香树叶如古松，当盛夏树上流出树胶时，即可采收，"状如桃胶"②。该树胶名为"马斯提克"，传入阿拉伯

---

① 臧小华：《陆海交接处：早期世界贸易体系中的澳门》，社会科学文献出版社 2013 年版，第 455 页。

② （宋）欧阳修撰，徐无党注：《新五代史》，中华书局 1974 年版，第 851 页。

后称为"马斯答吉",3世纪传入中国,唐宋时又从中国传入日本。今天的希腊人仍用其制作香口胶和精油。

由于香料贸易及历史文化的复杂性,跨文化理解始终充满了误解和偏见,这也是人文交流中难以避免的现象,比如美国汉学家薛爱华解读唐代诗人李贺的《巫山高》一诗,就单凭外形相似,想当然地把中国传统香料"椒花"(即花椒)理解为"男性生殖器的象征"[1],用西方的有色眼镜曲解、渲染中国的香料文化,显然失之偏颇。

其实,无论是作为食品、药品还是日用品,香料总是通过人的鼻腔(嗅觉)、舌头(味觉)、皮肤(触觉)与人发生联系。因此,香料对中外人文交流的本质意义或许在于:用最直观的、最真切的身体感觉来代替主观想象或文字描述,因为只有前者才是无阻隔、无障碍的,而后者往往带来误解和偏见。2013年3月23日,国家主席习近平在莫斯科国际关系学院发表演讲时说:"鞋子合不合脚,自己穿了才知道。"[2]同样,香料受不受用,只有鼻子闻过、舌头尝过才知道。世界各国消费者对中华香料的体验史,是一部跨文化交流史,也是一部人类情感和身体经验的对话史,具有其他交流方式难以取代的优越性。

海上香路既是我国输入外国香料的通道,也是中华香料输

---

[1] 杨颖:《本土与域外:不同视野下的"椒花"》,《中国典籍与文化》2011年第3期。
[2] 习近平:《顺应时代前进潮流 促进世界和平发展——在莫斯科国际关系学院的演讲》,《人民日报》2013年3月24日。

图4—5　香料融合

出的网络。这一网络以广州、澳门最为持久稳定，其影响力也最大。虽然中华香料多半以药材的形式输出，但并不减损其使用价值，有些还具备独特的精神作用，如麝香、沉香（含莞香）、檀香等，足以与世界顶级的名贵香料媲美。

值得高兴的是，中医药国际化是共建"一带一路"倡议的重要内容，是民心相通和文明互鉴、构建人类卫生健康共同体的重要载体。截至2023年，中医药已传播至世界196个国家和地区。据世界卫生组织统计，有113个会员国认可并使用针灸，其中29个会员国设立了相关法律法规，20个会员国将针灸纳入医疗保险体系。[①] 无论是中医还是中药，都离不开对中华香料的开发利用。认识中华香料的出海之路，有助于全面理解海上香路的历史全貌，并在全球大变局中讲好中国海洋故事，将"一带一路"倡议推向更高阶段。

---

① 参见薛晓娟、刘彩、王益民等：《新时代中医药发展现状与思考》，《中国工程科学》2023年第5期。

第五章

嗅觉语言：传统与现代的交融

香料满足了人类嗅觉、味觉的需要，引起了人们情绪和记忆的波动，丰富了人类与自然的互动。从天然香料到合成香料，香料用其独特的方式承载着人类细腻的情感，也象征着人类对美的追求和享受。

一、自然之选——天然香料的奇妙旅程

天然香料，主要来源植物和动物具有芳香气味的物质，如植物的花、叶、枝、根、茎、树皮、果实、果仁或全草，动物的分泌物等。这些香料都是大自然的馈赠，几乎每一种都有独特的气息和韵味。

（一）胡椒：一颗果实撬动"地理大发现"

胡椒是食药两用的著名香料，凭借独特的香气和药效，在人类餐桌和药方中扮演着重要角色。它一度是奢侈尊贵的代名词，甚至间接引发了"地理大发现"，一颗小小的果实充满了传奇色彩。

图5—1 胡椒

胡椒原产于印度西南海岸马拉巴尔地区的热带雨林，也就是今天的喀拉拉邦一带。公元前6—前5世纪，胡椒籽作为药品和香辛料已为波斯人所掌握。在古埃及，人们认为胡椒等香料产生的香气是俗世与上天沟通的最佳媒介，通过香料和天神沟通，可以获得永恒的生命。古埃及第十九王朝法老——拉美西斯二世木乃伊去世后在鼻孔里就塞入了黑胡椒。这是将遗体处理成木乃伊的一道程序，胡椒可作为与众神沟通的"通行证"。

早期，胡椒主要由阿拉伯商人通过陆上丝绸之路、海上丝绸之路贩运到君士坦丁堡（今伊斯坦布尔）和埃及的亚历山大港，再由此流转到欧洲。由于路途遥远，运输成本高昂，胡椒的价格长期居高不下。因此，在古代欧洲人眼里，胡椒是不折不扣的奢侈品，只有贵族富豪才享用得起。公元410年，哥特人的首领阿拉里克包围了罗马城，索要的赎城退兵费就包括3000磅胡椒。胡椒的贵重由此可见一斑。

元初来华的意大利旅行家马可·波罗，在他的游记中多次赞叹胡椒等东方香料。《马可波罗行纪》在欧洲广泛传播后，强烈地刺激了欧洲人对东方黄金、香料等财富的巨大渴望，也成为后来"地理大发现"的诱因之一。

唐代宗时期，由于胡椒进口量过大，又遇上财政紧张，朝廷只好将胡椒当作俸禄发给官员。当时的宰相元载因为贪污被治罪，唐代宗派人抄他家时，发现他家里竟然藏着800石胡椒。《新唐书·元载传》是这样记载的："籍其家，钟乳五百两……胡椒至八百石。"[①]元载贪污案件因为这一惊人的数字轰动一时，以至数百年后的明朝重臣于谦还写出了"胡椒八百斛，千载遗

---

① （宋）欧阳修、宋祁撰：《新唐书·元载传》卷一百四十五，中华书局1975年版，第4714页。

腥臊"的诗句。不过由于饮食习惯和烹饪方法不一样,胡椒在中国并不是特别重要的调味料,常常只是作为异域情调的点缀,尽管它在西方风靡一时。

小小一颗胡椒,背后牵扯着商业、航海、军事、政治、文化的变迁。胡椒凭借其魅力及其带来的巨大利润,就像一块巨大的磁石,吸引着世界各地尤其是欧洲的船只驶向胡椒的产地。对未知的向往驱动着人类去发现更大的世界。

(二)玫瑰:花朵与香水的前世今生

在人类的情感世界中,玫瑰象征着美好与爱情。玫瑰被誉为"花中皇后",千百年来都是香水国度里经典的天然原料,没有艳丽的玫瑰,就没有芬芳的香水业。玫瑰,以其浓郁的芳香和绚烂的姿容,诞生了许多美丽的传说,成为地球花园里闪亮的主角。

在古希腊神话中,花之女神克洛里斯为纪念一位逝去的林中仙女,将其生命气息注入一朵新生之花。随后,奥林匹斯山上的酒神狄俄尼索斯,赋予这朵新生之花以迷人的芬芳,使其拥有了生命和灵魂。爱与美的女神阿佛洛狄忒选择了一种独特的方式来为这朵花命名——重新排列她儿子厄洛斯名字的字母。厄洛斯,这位爱神和欲望之神的名字,经过阿佛洛狄忒的重新排列,化为了"玫瑰"。这个美丽的传说彰显了玫瑰的两大显著特征——美丽和芳香。玫瑰也从此与爱和美有了密不可分的关联，玫瑰香水是玫瑰花美丽和芳香的精髓，也是最重要的提炼。

玫瑰是多用途的花卉，既是庭院和花园的主角，也是调香的上好原料，因其浓郁的芳香，自古就受到人们的格外垂青。早期，人们提取香水采用传统压榨、油脂浸出等办法，由于分离技术不发达，得到的芳香物质含有较多的杂质。公元9世纪晚期，科学家改进蒸馏工艺，利用新鲜玫瑰花瓣蒸馏出比较纯净的香水，这种美妙的香品及相关技术随即受到其他文明的欢迎。[1]

大多数人认为，阿拉伯医师阿维森纳是第一个蒸馏出玫瑰精油的人。阿维森纳在将玫瑰与金属混合的过程中，发明了蒸馏法，通过该法获取了纯正的玫瑰精油。[2]金属容器蒸馏法，减少了杂质，提升了香水的品位，人类芳香的历史从此被改写。从古埃及、古罗马时代的玫瑰香膏，到阿拉伯地区的玫瑰水和玫瑰精油，再到19世纪前后的玫瑰古龙香水，玫瑰花的传奇一直在延续。

在我国，这种来自异域的天然玫瑰水被称为"蔷薇露""蔷薇水""大食水"。[3]北宋时期蔡绦，即权相蔡京的第四个儿子，在《铁围山丛谈》里写到蔷薇水："旧说蔷薇水，乃外国采蔷

---

[1] 参见孟晖：《宋人香事》，《三联生活周刊》2014年第48期。
[2] 参见高丽：《香水的技术性、艺术性和文化性》，《中国化妆品》2016年第7期。
[3] 参见孟晖：《宋人香事》，《三联生活周刊》2014年第48期。

薇花上露水,殆不然。实用白金为甑,采蔷薇花蒸气成水,则屡采屡蒸,积而为香,此所以不败。但异域蔷薇花气,馨烈非常。故大食国蔷薇水虽贮琉璃缶中,蜡密封其外,然香犹透彻,闻数十步。洒著人衣袂,经十数日不歇也。"[1]这是较早的关于玫瑰花水的记载。用金属容器多次蒸馏、提炼出的玫瑰水,精油含量非常高,香气数十步之外都能闻到,并且能留香数十日。

《红楼梦》多处提到玫瑰露,也就是玫瑰花水。如第三十四回,宝玉挨打后,王夫人说:"前日有人送了几瓶子香露来,原要给他一点子的……把这个拿两瓶子去。一碗水里,只用挑的一茶匙儿,就香的了不得呢。"袭人看时,只见两个玻璃小瓶,却有三寸大小,上面螺丝银盖,鹅黄笺上写着"木樨清露",那一个写着"玫瑰清露"。袭人笑道:"好尊贵东西!这么个小瓶子,能有多少?"王夫人道:"那是进上的,你没看见鹅黄笺子?你好生替他收着,别糟蹋了。"又如第六十回中有一段描述了玫瑰清露的神奇功效:"一见了这个,他哥哥嫂子、侄儿无不欢喜。现从井上取了凉水,吃了一碗,心中爽快,头目清凉。"[2]

到了现代,玫瑰成为人们最熟悉的花卉之一,可以观赏、

---

[1] (宋)蔡绦撰,冯惠民、沈锡麟点校:《铁围山丛谈》卷五,中华书局1983年版,第97—98页。

[2] (清)曹雪芹、高鹗:《红楼梦》,中华书局2005年版,第246、461页。

药用、食用、制香等，玫瑰产业也成为一条完整的产业链，经济价值巨大。尤其是玫瑰花瓣经过蒸馏、溶剂萃取等工艺提取出的玫瑰精油，被誉为"液体黄金"，在美容、香水、日化等多个领域发挥了重要作用。保加利亚是玫瑰精油的主要供应地，法国、土耳其也是重要的生产地。法国格拉斯地区的千叶玫瑰，也称普罗旺斯玫瑰、卷心菜玫瑰、五月玫瑰，如其字面含义，拥有多重花瓣，花朵含油量高，是高品质玫瑰精油的重要来源，也是法国香水和时尚行业的主要原料。

图5—2 玫瑰

玫瑰精油的提取过程极为精细且繁复。芬美意公司原采购主管多米尼克·罗克在他的《采香者：世界香水之源》中提到保加利亚玫瑰精油的提取："要让一座蒸馏厂运转，需要花，许多的花——需要至少3吨玫瑰才能制作出1千克精油，也就是说，需要100万朵逐一采摘来的玫瑰。""我从未在其他任何地方如此强烈地感受到一个事实，翻土，竟是制作香水的最初一步。""我们刚刚倾析了4升精油……刚刚获得成功的是真正的炼金术，它始于冬日的田间，将泥土变成花朵，经过采摘和蒸馏，最后花朵神秘地变成液体黄金……精油的价值与黄金等同。这根金条的'重量'是400万朵手工采摘的玫瑰。"①

图5—3 大马士革玫瑰丰收

---

① 〔法〕多米尼克·罗克著，王祎慈译：《采香者：世界香水之源》，中国社会科学出版社2024年版，第44、48页。

(三) 龙涎香：海洋奇迹

龙涎香较为罕见，功效独特，被称为"龙王涎沫""海上浮金""灰色的金子"，主要产地为中国南部、印度、南美和非洲等地的海岸。龙涎香的成因说法不一，目前比较一致的说法是，抹香鲸吞下的乌贼会进入4个不同的胃，而乌贼的喙子和软骨较硬，极难消化，刮伤鲸鱼肠道后形成一种固态物质，随粪便排出，就是龙涎香的原始材料。然而，并不是所有这样的固态物质都能成为龙涎香。

从抹香鲸体内排出的固态物质漂浮在海面上，在海浪、阳光和空气的催化下，质地由软变硬，颜色由深变浅，臭味慢慢消退直到消失；久而久之，香味逐渐出现，由淡变浓，最后形成坚硬的蜡状物体，这就是龙涎香。漂浮十几年的龙涎香呈褐色，漂浮时间越长颜色越浅，漂浮上百年的龙涎香呈灰白色，极为珍贵，这也是欧洲人称龙涎香为"灰琥珀"的原因。

据说龙涎香的香气让人如沐海风，又仿佛走进了百花绽放的春天，微带土壤香、海藻香、木香和苔香，是一种复合型的香气，既浪漫又神奇。龙涎香的挥发极其缓慢，留香持久，可达数月之久，比麝香长20~30倍。

近年来，由于世界各地大肆捕杀抹香鲸，使该鲸种以每年10%的速度急剧减少，龙涎香价格也随之飙升。从20世纪70年代起，美国出台法律禁止龙涎香和任何鲸制品进入国境，美

图 5—4　龙涎香

国香水业因此不再使用龙涎香，取而代之的是合成的龙涎香料。1983年，国际捕鲸委员会（IWC）会议规定，会员国从1986年起全面禁止商业性捕鲸，但这些禁令仍难以完全阻止非法捕猎。

（四）灵猫香和猫屎咖啡

灵猫香来源于灵猫科动物的香腺分泌物。灵猫，又名九江狸、九节狸、灵狸、麝香猫。灵猫家族庞大，包括7个亚科、34个属和70多个种类，其中有7种生活在我国境内，除了小齿狸是国家二级保护动物，其余都是国家一级保护动物。我国秦岭和淮河以南各省均有小灵猫分布，大灵猫则主要分布在云南、广西、浙江和华中地区。

灵猫香在中医里又被称为"灵猫阴"，这个名字非常形象，因为在它们的阴部附近长着一对囊状香腺，能分泌出一种黄色油脂状物质，即灵猫香。新鲜的灵猫香为淡黄色黏稠液体，很像蜂蜜，久而久之会被氧化成棕褐色膏状半固体。灵猫肛门肌肉发达，可以用来控制灵猫香的分泌和喷射。灵猫会在自己栖息地四周的树干、木桩、石头上面，涂抹香腺的分泌物，俗称"擦桩"，通过这种方式来标记领地，或是作为同类之间的联络信号。这些香气浓烈且持久，很容易被同伴发现。去除灵猫香膏中的脂肪等杂质，然后将其稀释，就可以得到能进一步使用的灵猫香。

除了大灵猫和小灵猫，灵猫家族中的椰子狸也是非常有代表性的成员。它们除了爱吃肉，还爱吃水果，咖啡果就是其中一种。它们吞下咖啡果，消化果肉后，咖啡种子就在其肠道里发酵，然后随着粪便排出体外。人们将未消化的咖啡种子进行加工，就变成带有淡淡麝香味的特殊产品——猫屎咖啡。

在印度尼西亚，人们大面积种植咖啡豆，为椰子狸提供了充足的食物，但也给它们带来了厄运。人们大肆捕猎椰子狸，把它们关起来用咖啡果饲养，然后收集排泄物。椰子狸完全失去了自由，被当作生产工具，直到死亡。这些拥有神奇特质的动物，在人类的贪欲之下遭遇囚笼和杀身之祸。大自然动植物生命的延续与人类欲望的平衡，是一个关乎世界可持续发展的哲学问题。

（五）"平替"海狸香

海狸香是天然动物香中价位较低的天然香料，带有独特的皮革焦熏味，温和且令人愉快，被广泛应用于生产香水、香料、药物等领域，且多用于东方香型香水的制造。

海狸也称河狸，虽然被称为海狸，但它们并不是海洋动物，而是生活在淡水环境中的动物。这一名称起源于欧洲早期的探险家和皮毛贸易者，他们认为北美洲的河狸皮毛与欧洲的海狸皮毛非常相似，因此将它们统称为"海狸"，并一直沿用至今。海狸香是海狸香腺囊分泌物的提取物，以加拿大所产为佳。我国新疆、东北地区也有海狸，但较少对其进行提香。

海狸主要生活在小河岸或湖沼中，是著名的堤坝"建筑师"。它们的皮毛柔软挺括，是制造毡帽的好材料。海狸皮毛由于价值高，遭到人类大肆捕杀，导致其在欧洲的数量一时间急剧下降。美国作家埃里克·杰·多林于2018年出版的《皮毛、财富和帝国：美国皮毛交易的史诗》一书正是以海狸为线索，讲述了欧洲各国为获取皮毛前往北美洲"拓荒"、争斗的故事。

在交配季节，雄性海狸会分泌大量白色乳液，发出求偶信号，吸引雌性海狸前来交配。海狸香在新鲜状态下呈白色乳液状，干燥后则呈红棕色树脂状，通过烘烤、研磨和提炼即为海狸香。海狸香味道复杂，有一种强烈的腥臭之味，需要加酒精稀释并放置几个月方可消失。可能由于生活环境和食物不同，加拿大产的海狸香带有松节油香气，俄罗斯产的海狸香具有皮革香气，这是天然香料的奇妙之处。

二、科技之魅——合成香料的美丽新世界

天然香料是大自然的馈赠，但人类对天然香料的过分追求，也带来了资源枯竭、环境破坏的巨大隐忧。天然香料仅限于大自然里原生的物产，产量少、成本高；而合成香料的发展不仅有助于保护稀有的自然资源，也更大程度提升了香料的表现力，让平民百姓有了更多选择。

在对大自然的神奇气味进行科学分析的基础上，制造合成香料避免了破坏森林植被、虐杀动物，有利于保护日益脆弱敏感的生态系统。借助科技手段和艺术创意，合成香料的诞生进一步拓展了人与自然和谐相处、共生共荣的美丽新世界。

（一）发现香味分子：现代香氛产业的变革

18世纪前，香料产业主要依赖天然香料。但天然香料有一些与生俱来的劣势，即采集成本高，受地理、气候、采集方法等因素影响，产量和质量也不稳定。此外，还有人体过敏、自然伦理等问题，使天然香料的使用也不那么"天然"。

比较有代表性的例子是，檀香树等物种因过度采伐而濒临灭绝；从动物体内提取麝香等更是引发了激烈的道德争论，因为获取动物香料意味着必须捕捉或杀害动物。在此背景下，现代香氛产业的产生是必然的结果。

现代香氛产业具有稳定性特征。天然香料因为受产地、气候、提取方式等诸多因素的影响，很容易有气味上的变化，不利于产品的稳定性和标准化。因此，随着有机化学的发展，合成香料开始走上香氛产业的前台。

合成香料是用化学方法合成的芳香物质，能模拟天然香料的香气特征。18世纪以来，由于有机化学的发展，科学家开始分析天然香料的成分和结构。19世纪出现了化学物质的提纯技术以及对分子结构的解析，化学家由此可以从芳香原料中单独分离出气味化合物，将其逐个提纯，然后确定分子结构，再用化学方法生产出具有相同分子结构的化合物，即为合成香料。一旦揭开了天然芳香材料的奥秘，人们就可以通过其他简单和易于获取的化合物经化学反应重构气味分子，让工业化生产成为可能。

20世纪50年代，天然精油的生产受到自然条件和产量的限制，而有机化学工业的进步则为合成香料的繁荣提供了契机。在这个时期，一些原本依赖精油的萜类香料，如芳樟醇、香叶醇、橙花醇和香茅醇等，通过半合成或全合成方法得以大规模生产，产量显著提升。这些新型香料不仅丰富了香料的种类，还对香型创新起到了关键作用。

（二）香料新材与创意拼图：创造新自然

芳香化合物的合成与大批量生产，对香水产业来说无异于一场革命，是现代香水业发展的重要标志。化学家按照意愿合成想要的分子，通过重新组合的分子结构得到大量全新的气味化合物，对已知的化合物进行小小的改造，就能为调香师提供气味特征稍有变化的产品或全新的气味。而调香师面对更多的原材料，其创造力和想象力也得到了极大释放。调香师摆脱天然原料的束缚，通过加入合成原料，将抽象形式引入香水创作中，超越了单纯的花香模式，呈现出更多的创造性。

合成原料对于调香师而言，就好比可以自由排列组合的新材料。受自然之美的启发，合成香料从大自然中汲取灵感，用合成分子谱写出迷人的香味交响曲。调香师运用高超的技艺，将大自然的馈赠和科技的创新完美结合，以呈现更丰富、更立体的香气，为我们创造了千变万化的芳香世界。这种融合不仅提高了香水的稳定性，同时也降低了成本，减少了对环境的破坏。

合成香料有一个天然香料无可比拟的优点，那就是品质稳定，它规避了天然原料的地域性、季节性差异等。合成香料的成分和气味可以根据化学结构控制和调整，气味可以足够单一，表现某个单一特征，以减少天然原料中其他气味的干扰。

一个很经典的商业案例是香奈儿5号。它于1921年创制，是第一款合成花香调制的香水。香奈儿在设计这款香水的时候，希望它闻起来像女人，而不是玫瑰。当时市场上普遍将女性香水局限于铃兰、紫罗兰或茉莉花这类单一花香。恩尼斯·鲍运用前卫的配方打造出香奈儿5号，以前所未见的比例结合、顶级的天然成分和名为"醛"的合成分子——醛在当时属罕见的新成分——借此提升香水的香气。

这种设计理念使香奈儿5号的调性里多了一抹人工合成的色彩。这款香水结合了植物型、鲜花型与醛类成分，旨在创造一种截然不同于以往的香水，具有强烈而难忘的气味——花香混合在被称为"温暖的木质基调"中，它有着"收获的芬芳"。香奈儿5号的抽象香气轨迹打破了传统，也反映了香奈儿本人的个性，犹如她在香水世界的镜像。香奈儿5号的诞生标志着香水历史上的一个重要时刻，它打破了单一成分的限制，自诞生起至今仍然保持其经典地位，成就了它后来一个世纪的辉煌。

当然，合成香料也有弊端。人工合成香料有200多种，主要由聚乙烯、苯、甲醇等成分构成，在这些成分中，尤其是聚乙烯类成分，会引起人体激素紊乱，使用前要多加注意。此外，虽然合成香料的生产过程较为环保，但在合成过程中可能会产生一些有害物质，对环境造成潜在威胁。因此，研发绿色合成，增强环保意识至关重要。

（三）闻香识世界：香水的调性与文化

香水历史悠久，其调性不仅反映了不同文化对香气的偏好，也体现了人类对美和生活品质的追求及其本身丰富的文化和历史内涵。从古埃及的远古文明到现代的工业文明，香水始终与人类文明紧密相连。它不仅是食品、药品、化妆品，更是独特的文化符号，代表着人类对独特生活方式的钟情。

图5—5　用现代科技配制的香水

香水的历史可以追溯到大约4000年前的古埃及时期。当时埃及人将芳香物质与植物油混合制成香膏，用于祭祀、宗教仪式和个人护理。这种技艺逐渐传播到古希腊和古罗马，香水开始在这些地区流行起来。与此同时，亚洲各国也在生产自己的

民族香料，如中国的檀香和印度的茉莉香水。

随着工业时代的到来，现代化学的发展，使用香水不再是贵族的特权，欧美富有的中产阶级开始模仿贵族大量使用香水，香水的风格也由于原料的变化和文化的发展呈现出新的变化。第一次世界大战后，由于女性人口比例高于男性，女性个体意识增强，其形象从古典走向现代，香水开始成为女性日常生活中的必需品。随着生产技术的提高，更好更便宜的香水开始出现，香水市场不断扩大。

第二次世界大战后，香水生产国和香料供应国联系中断，人们开始加紧开发新原料。此时，香水已经不再是纯粹的奢侈品，打破了以往只有在重要场合才使用香水的惯例，香水因此进入人们的日常生活，成为一种带有个性和标签的生活方式。

20世纪60年代，香水开始追求前卫风格；70年代，女权意识高涨，女士们也穿上长裤，涂上了男士香水；80年代，美国服装设计师卡尔文·克莱恩推出"香水三部曲"，即"迷惑""永恒""逃逸"，强调香水即人生，成为新的香水哲学；90年代，男女共用的中性香水成为时尚，在香水的使用中强调个体价值。[①]设计师们不断推陈出新，创造出各种独特而富有魅力的香水，使香水市场更加繁荣。如今，香水已经成为一种全球性的文化现象。它不仅是一种化妆品，更是一种表达个性和品

---

① 参见高丽：《香水的技术性、艺术性和文化性》，《中国化妆品》2016年第7期。

位的方式，充满传奇和浪漫色彩，成为人类文明中不可或缺的一部分。

从艺术性来看，香水的调性与人们的生活方式和文化倾向紧密相连。从古至今，各类研究气味的学者们将气味类比于音乐，提出了气味调性与分类的学说。例如，瑞典生物学家卡尔·冯·林奈将气味划分为七大类，荷兰乌得勒支大学学者亨德里克·茨瓦尔德玛克将气味分成九大类。在香调领域，由于气味本身的特殊性和不稳定性，并没有绝对的分类标准，不同的专业人士与品牌都有自己独创的香味分类法。

从文化性来看，香水并非单纯的消费品，归根到底是一种文化产品，是文明的积淀。香水从贵族用品发展成为百姓生活用品，不只是因为香水价格下降，也不是因为中产阶级变得富裕，而是因为香水成为展现社会文化的重要载体。从早期沟通神灵、掩盖体味的香料，转化为愉悦自身、展现个性的香水，见证了社会的发展、文明的进步。

三、世界香业风云——争夺"第一炉香"

东方焚香以入境，西方闻香以识人。世界香业发展到今天，尤其关注社会的变迁、自然的律动和人类情感的细语。世界香业风云变幻，似乎是一场人与自然的深度对话。随着人工智能（AI）的发展，神经香氛和嗅觉数字化日益走向香业前沿，世界

著名香水企业都在各自的赛道上争夺香业竞赛的"第一炉香"。

（一）世界香业前沿：神经香氛与嗅觉数字化

神经香氛的概念可以追溯到大约4000年前，从古埃及人用香膏制作防腐剂开始，香气就开始为人类的身体和心灵输送某种神奇的力量，与健康及疗愈联系在一起。

神经香氛作为新一代功能性香氛，拥有现代科学试验数据为其提供支撑。各大香水制造商开始研究人们对气味的生物反应，试图了解香水与思维之间的联系。后疫情时代，消费者越来越关注情绪与健康之间的关系。在洗发护发、身体护理、家居护理等方面，人们更加注重产品和品牌的功能价值和情绪价值。人们越来越明白，健康不仅是身体上的，也是精神上的，更希望在任何地方、任何时候都能拥有积极的情绪，这就使消费者更加看重香气在情绪、心理健康方面的价值。因此，香水逐渐被视为一种关怀自我的产品。人们开始注意到，在身体健康之外，情绪健康与整体幸福感息息相关，香水自身的情绪价值和疗愈功能也逐渐显现，其增强自信、舒缓压力等功效越来越受到大众的认可。

神经香氛以现代科学试验数据为支撑，融合神经科学、大数据和人工智能，成为越来越多香水企业研发产品、塑造品牌时必须考虑的选项。技术的巨大飞跃正在帮助人们实现这一期望，世界知名香水企业也将目光转向了对人类情感和心理的关怀，这更是一种自然和人文的关怀。随着神经科学在香氛研发制造中不断介入，香水的疗愈功能不再是一种主观的感受，而显示为一个可以被测量和验证的关系。

帝斯曼—芬美意（dsm-firmenich）、瑞士奇华顿（Givaudan）、美国国际香精香料公司（IFF）等全球香水巨头利用神经香氛不断扩展香水产业的边界。帝斯曼—芬美意针对不同国家的人们对香水的情感反应，采用了不同的方法。奇华顿一直以来都在跟踪研究脑电波对气味的反应——当人类闻到某些气味时，大脑的哪些部分会被激活。美国国际香精香料公司则使用神经科学、数据科学和人工智能让调香师突破创意边界，量化香味成分引起的情感正向反馈。利用这一技术，可以有针对性地创作出对情绪和认知具有改善功能的香气产品。

智能气味所采用的技术方法打破了气味的局限性，将气味编码化，以此来解锁更多香味，并通过个性化的机制及智能控制，提升服务和体验。机器学习辅助进行香气分析与生成会赋予香水设计更多素材与灵感，调香师的设计理念也会因此得到更恰当的表达。人工智能可能在不久的将来会给香水行业带来新的变革。

比如，为探索化学物质的结构和气味之间的联系，谷歌研究院衍生初创公司Osmo与研究机构、大学合作，设计了一种神经网络系统，它可将55个描述性单词中的一个或多个，与对气味的描述相匹配。团队使用行业数据集对人工智能进行训练，

其中包括如何识别大约5000种已知气味剂的气味。人工智能还分析了每种气味的化学结构，以确定结构与香气之间的关系。该系统识别了大约250种化学物质结构中的特定模式与特定气味之间的相关性。[①]

（二）世界超级香水企业

世界超级香水企业主要有美国国际香精香料公司、帝斯曼—芬美意、法国罗伯特、德国德之馨、瑞士奇华顿、日本长谷川等。全球香精香料市场中，排名前四的美国国际香精香料公司、奇华顿、帝斯曼—芬美意和德之馨，2023年的市场份额分别为20%、18%、17%和12%。

1.美国国际香精香料公司

美国国际香精香料公司创立于1833年，1964年在纽约证券交易所上市，是美国最大的香精香料公司。它拥有世界上最大的香气和味觉研发中心，在技术和研发上有突出成就，包括合成龙涎香、Mood Mapping技术、Living Flavor技术等。美国国际香精香料公司在全球38个国家和地区设有工厂、实验室和办事处，是香精香料行业产品的先行者和主要制造商。该公司于20世纪90年代初进入我国，如今已在上海、广州、北京、成都、南京、杭州、张家港设有分支机构或工厂。

---

① 参见张佳欣：《AI"调香师"预测气味媲美人类　数字化嗅觉从零到一的时刻到来》，《科技日报》2023年9月4日。

2.帝斯曼—芬美意

芬美意创立于1895年，总部位于瑞士日内瓦，是全球领先的香精研发和生产商。芬美意以其技术力量和高销售额在全球同业中名列前茅，拥有一项诺贝尔奖和九项国际大奖，1800多个专利技术。芬美意的主要业务包括香料、香精、香水的研发、生产和销售，产品广泛应用于日化、食品、饮料等多个领域。芬美意是古驰、宝格丽、圣罗兰香水背后的灵魂"调香师"，也是伊利、农夫山泉、雀巢、亿滋等食品品牌的"调味大师"。2023年5月，芬美意和帝斯曼公司完成合并，成立了帝斯曼—芬美意公司。

3.法国罗伯特

法国罗伯特香精香料公司由Maubert家族创立于1850年，总部位于"世界香水之都"格拉斯。2007年底收购历史悠久的法国香精公司夏拉波后，成为法国大型的香精公司，是天然香料生产规模最大的香精公司之一。罗伯特公司坚持可持续发展，将天然原料融入精致的香水和风味创意之中，是当今天然香料原料领域的翘楚。罗伯特公司从1920年开始，就成为香奈儿、娇兰的供应商，是培养国际顶级调香师的摇篮。

4.德国德之馨

德之馨创立于1874年，最初以合成香兰素、香豆素和薄荷醇起家，后逐步布局香精产品，2006年在法兰克福交易所上市，是世界主要的香精香料和植物提取物公司之一，也是世界第四

大香精香料生产商。产业领域包括香精香料、食物和化妆品原料等，为全球香水、化妆品、食物、饮料、医药、膳食补充剂、宠物食物等产业的大批客户提供高品质服务。

5. 瑞士奇华顿

奇华顿创立于1895年，是全球日用及食用香精领域的先导，是迪奥、香奈儿、兰蔻等众多国际知名品牌的原料供应商。作为"芳香化学"的开拓者之一，奇华顿自1902年开始将天然精油与合成芳香原料结合，不断探索新的嗅觉方向，提高香精表现，思考可持续的调香方法。奇华顿还在1946年成立了自己的香料学校，这里堪称调香师的摇篮，全球最好的香水，大约有1/3出自这个学校的毕业生之手。

6. 日本长谷川香料

长谷川香料创立于1903年，专业从事食品香精、日化香精、烟用香精的研发和生产。公司在全球范围内拥有分公司，包括日本、美国、中国、东南亚国家等。在中国，长谷川香料（上海）有限公司成立于2000年，长谷川香料（苏州）有限公司成立于2006年。长谷川香料在中国的业务涵盖了从香精香料的研发、生产到销售的全链条服务，为中国的食品、日化等行业提供了重要的原材料支持。

（三）世界香业市场瞭望

近年来，随着全球经济和食品、日化等产业的蓬勃发展，香精香料市场规模持续增长，特别是随着全球消费者对健康和品质生活的追求，以及对新口味的偏好，消费者在香料的健康与功能性方面的需求稳步增长，那些旨在提高免疫力的精选香料，得到了市场的热烈响应。同时，随着全球化进程加快，消费者对不同国家和文化背景下的香料需求也在增加，这无疑推动了消费者对香料和调味料的需求，促进了香料混合物市场的增长。

中国作为香精香料的重要生产国和消费国，市场规模不断扩大，在全球香精香料市场中占有重要地位。2023年5月，第一财经商业数据中心和天猫联合发布了《2023香水香氛消费者洞察白皮书》。白皮书认为，中国香氛市场的渗透率为5%，而欧洲和美国的这一比例分别为42%和50%。白皮书还预测，2021—2026年，中国香水香氛市场的年复合增长率为21.78%，这意味着中国香水香氛市场还有很大的增长空间。

从消费需求看，在嗅觉经济崛起的大背景下，哪些消费者更愿意为"气味"买单？其实嗅觉经济范围广泛，包括但不限于香水、香熏、香氛等，这些产品通过特定香气吸引、塑造消费者的情感和行为，从而达到培育品牌、引发共鸣和提升销量的目的。

在2023年杭州亚运会开幕式上，策划方首次将香熏科技应用于大型体育赛事。开幕式正值秋分时节，清风徐来，桂花香溢，洋溢着独特的中国味道和中国风格。这场开幕式用桂花的香气向世界展现了杭州的魅力，一场芬芳馥郁、沁人心脾的桂

花雨不仅给观众带来了独特的感官体验，也激发了嗅觉经济的消费新热潮。

中国消费者的需求随着消费市场的成熟而越发多元。尤其是年轻消费者，不仅追求品质与个性，更注重产品所带来的情感体验和社交表达，同时也为更多品牌带来了机会。除嗅觉体验外，情绪价值和仪式感也受到越来越多消费者的关注，更多年轻人愿意在生活方式和自我表达上投入精力，尤其是在"90后""00后"成为主力消费群体后，"悦己"消费成为新的趋势，嗅觉审美将迎来新一轮升级。

第六章

四海传香：中国沉香进行时

沉香，是置之死地而后生的灵树结晶。经受伤、疗愈、木寂、香生，如同佛之舍利，是自然界罕有的一场"大修行"。沉香之贵，贵在其神，水淹不灭，火烧不朽，经风雨雷电之洗礼，凝天地日月之精华。

一、揭开沉香的神秘面纱

（一）沉香之香

沉香的气味或香型主要分为六种，有的品种可根据香味区分优劣品级。

一是甜香。甜香可谓是沉香基本的感官刺激，品种不同，

127

图 6—1　岭南沉香

甜香也有所差异。甜味偏清者在发甜之时会产生一种清幽之感，细细感受香气的走向，能感到香流从鼻腔进入后幽幽直上，甜感冲上头顶直达百会穴，令人精神为之一振。甜味偏浊者则更具蜜感，香气沉稳、甜感醇厚，入鼻后香流并不上行，转而凝聚于鼻腔后部，令人口中生津、心神宁静。

二是乳香。沉香一般具有不同程度的乳香，常与甜香相伴。乳香也称"奶味"，是一种柔和浓郁的油脂香气。一般来说，产自印度尼西亚的沉香奶味较浊，偏向于乳味和脂香，比较浓郁厚重；而国内沉香和越南沉香奶味相对较淡，且奶味中常带有熟坚果的醇香。

三是清凉香。沉香还带有清凉香味,类似薄荷散发出的气味,一般与甜味伴随。细细品味,能感受到香气进入鼻腔后在舌根部、咽喉上部等产生丝丝清新的凉意,令人有通鼻醒神之感。甜、凉两味相互交融,凉味隐于甜味之后,清幽舒爽。

四是果仁香。一般好香会在品香的尾香期散发出浓郁的果仁香,这种香气凝聚在鼻中久而不散,令人有食欲大振的感觉。一般沉香如果不上炉加热很难闻到果仁香,但也有例外,如越南惠安所产的奇楠香在常温之下也可闻到果仁香,且隐隐带有药味,所以也称为"人参味"。

五是花香。沉香的花香融合了"凉"和"甜"味,因香气像花朵散发出的清新花香而得名,有时又类似于青草香。产自我国香港地区的沉香多有这种独特香味。

六是辛麻感。沉香的辛麻感一般源于品质较高的沉香或者奇楠香。严格来说,辛麻感并不是一种嗅觉感受,它更接近触觉感受。咀嚼好沉香时,口腔会有一种麻辣的感觉,奇楠香更甚。奇楠香在加热后会散发出一种带有丝丝辛麻感的特殊气味,这种气味被香友们称为"奇韵"。这种辛麻感也是辨别好沉香和奇楠香的重要标志,海南产的沉香就以其强烈的辛麻感而闻名。

(二)沉香家族

沉香家族成员众多,分布较广。从产地分布来看,沉香家族有"惠安系""星洲系""莞香系"。

1. 惠安系

惠安是越南中部的港口城市，也曾是我国通往南洋的重要港口。惠安系沉香是越南、柬埔寨、老挝、缅甸、泰国等地所产沉香的总称，以越南芽庄、惠安为集散中心，产量大，品级多，香气柔和，以清甜花香为主流。惠安系沉香以碎片状为主，主要作为香熏的材料；用作雕件和手串的比较少见。随着时代变迁，"惠安沉香"也逐渐演变成为越南沉香的代名词。该地区的沉香树种主要是蜜香树。

2. 星洲系

新加坡别称星洲，它与越南惠安一样，是重要的沉香集散地，以马来西亚、印度尼西亚、文莱、巴布亚新几内亚等产地为代表。该产地位于赤道附近，所产沉香结香比较大块且木质紧密结实，是制作雕件、手串的好材料。星洲系沉香香气浓郁，常温下就能清晰闻到，品质差异很大。星洲系沉香以文莱沉香最具代表性，被誉为"星洲系之王"。该地区的沉香树种主要是鹰木香树。

3. 莞香系

莞香系沉香主要分布于我国岭南地区，广东、广西、海南、云南、福建、香港等地均有种植，因广东东莞所产的品质最高，故称莞香。相较于清甜浑厚的惠安系和浓郁醇厚的星洲系沉香，莞香系沉香以温和典雅著称。莞香系沉香又称"国香"，以海南崖香、东莞女儿香（莞香精品）为代表，素有"世界沉香看中国，中国沉香看海南"的说法。岭南地区的沉香树种主要是瑞香科白木香树。

（三）沉香贵族

沉香还有一个特殊的品种——奇楠香，其产量比普通沉香少。奇楠香的成因与普通沉香基本相同，但两者的性状特征又有很大的差异，人们习惯上把它单列一类，视其为沉香中的贵族和精品。奇楠香是越南的特产之一，此外，越南还有虎斑黑油沉香、虎斑红油沉香、虎斑黄油沉香。

奇楠香不如沉香密实，上等沉香入水则沉，而奇楠香却是半沉半浮。沉香大都质地坚硬，而奇楠香较柔软，有韧性，削下的碎片甚至能团成香珠。在显微镜下可发现，普通沉香中的油脂腺是聚在一起的，而奇楠香的油脂腺则很分明。奇楠香的油脂含量一般高于普通沉香，香气更为甘甜、浓郁。

奇楠香的形成有两种方式：一种是与死沉共生，即在死沉香树树脂的醇化过程中发生二次醇化，形成一种和普通沉香完全不同的新物质；另一种是与活沉共生，即在沉香树还活着的时候，在其树脂醇化的过程中变异而来。

奇楠香由沉香升华质变而成。一种中空的蜜香树，被蚂蚁或野蜂在树体内筑巢，蚂蚁的蚁酸或野蜂的石蜜、蜂浆被香树活体的香腺吸收，并结合了一种特殊真菌，逐步生成奇楠香。

形成奇楠香需要极其苛刻的条件，因此野生奇楠香较为罕见，产量极少。

（四）沉香分类

沉香的形成方式多样，结香方式也有所不同，根据形成方式，沉香主要分为倒架、水沉、土沉、蚁沉、活沉、白木六类。

一是倒架。此类沉香是沉香树自然倒伏后，经风吹、日晒、雨淋，腐化而形成的。其颜色分为两种：一种是淡黑略带土黄色的黄种，香味清醇甜美，气味比较像奇楠；另一种是青黑色的青种，气味像水沉，但是比水沉更加清透。

二是水沉。此类沉香是沉香树倒伏后，陷埋于沼泽之中，经过微生物分解朽烂后而形成的。这类沉香的气味比较温醇，一般体积都比较小。品质上乘的料质，致密而又坚硬，一般多为青黑色，木质部分则是偏浅的黄白色，混合各种不同纹理。

三是土沉。此类沉香是沉香树倒伏后，埋进土中，经地下微生物分解朽烂后而形成的。土沉多为黑色、黑灰色，有的也呈青色，气味比较醇厚、浓烈，表面的毛孔比水沉要粗大一些，有明显的凹凸感。

四是蚁沉。此类沉香是沉香树活着的时候被人工砍伐，倒伏后经虫蚁蛀蚀而形成的。这类沉香的气味比较清扬，但只有燃烧的时候才能散发出来。

五是活沉。此类沉香是从活的沉香树上人工砍伐、采摘下来的。此类沉香因醇化时间不足，含油量不高，燃烧时气味比较高亢，带有原木的气味。

六是白木。此类沉香指的是树龄在10年以下的沉香树所结的香。此类沉香不管是颜色还是气味都比较淡，且只有在燃烧时才能闻到比较清香的气味。

（五）结香制香

1.结香机理

沉香的结香方式分自然、人工两种。一般情况下，健康的沉香树体并不会分泌树脂类物质，只有当树体受到真菌感染或者物理、化学伤害后才会结香，就像人体有伤口才会结痂一样。生有"沉香"的树木，通常处于亚健康状态，其枝叶多变枯黄，寻香者也常以此为线索；因虫蛀、病腐、风断、雷击而枯死的树干或树根都可能产生沉香。

国内外不少研究人员提出了病理学假说、创伤病理假说、非病理创伤假说、防御反应诱导结香假说、真菌侵染诱导结香假说、逆境胁迫微生物转化结香等假说。目前，已明确沉香属植物特征性的木间韧皮部是沉香树脂产生和积累的主要部位。

2.造香方法

沉香树种植5—7年，胸径达10厘米时即可人工造香。经验表明：树龄越大，结香越多；种菌越多，树脂凝结时间越长，结香质量越好。沉香树经过人工刺激，一般三五年就可结香，

10—20年即可生成高质量的沉香。如出现枝叶生长不茂盛、外形凋黄、局部枯死等现象,大多可判断树已结香。现如今,造香方法有多种,且仍在不断实践创新。

一是自然结香法。在自然生长状态下,健康的沉香树体"有香者百无一二",只有受到自然界的虫蛀、病腐、风断、雷击等侵害,树干枯烂、腐朽后,受伤部位才会结香。随着人们对沉香需求的不断增长,野生沉香树遭到毁灭性砍伐,资源不断减少,濒临灭绝。自然结香的野生沉香树日益稀见,身价倍增。

二是物理法。通过锯干、打洞(孔)、剥皮、火烧等方法促进树体结香,但此类方法结香周期长,且沉香品质不稳定。

三是化学法。调配包含植物激素、酸类、盐类等成分的结香剂,输入植物体内或者涂抹于伤口处诱导结香,此法操作简单、结香快,但须选用环境和生物友好型化学物质。

四是微生物法。主要是将真菌等接种于植物体内或伤口处诱导结香,对环境友好,但是不同的菌株诱导结香效果差异较大,需要筛选优良菌株。

五是综合诱导法。采用物理、化学、微生物等相结合的结香方法,所产沉香品质高,但组合条件需要探索,成本较高。

六是通体结香法。海南省魏建和博士团队在2010年创造性地提出"白木香防御反应诱导结香假说",并在此基础上发明了

"通体结香技术"，其所产沉香也被称为通体香。

七是其他方法。通过植物组织培养技术诱导产生沉香植物愈伤组织，利用微生物及提取物、化学诱导剂等诱导产生沉香类成分，目前仅用于沉香形成机制研究，未见生产应用。

3.采香取香

沉香树经过造香刺激后结香，对结香物质进行采集的过程就是采香，短的1—2年，一般3—5年即可采香。理论上，结香时间越长，产量越高，质量越好，因此有人间隔10—20年才采收。

视结香情况，一年四季均可采香，但人工结香的采集以春季为宜，利于采集后菌种继续生长、结香。具体方法是：选取凝结成黑褐色或棕褐色，带有芳香树脂的树干部分，分割截取，残枝活株仍可以结香；如果树干结香后一直延伸到根部，应一并采收。

采回的树干、树根需要先用利刃剔除白色和腐朽部分后阴干，然后用带有半圆形刀口的小凿和刻刀雕挖，剔除不含香脂的白色轻浮木质和腐朽木质，留下的黑色坚重木质即沉香，这就是取香的大致过程。

4.多法制香

沉香在剔除不含香脂的浮木、朽木后，可进一步加工成条状、块状或片状；随后将这些不同形状的沉香阴干，即成原生态的沉香产品。此外，根据市场需求，沉香还可进一步制作成

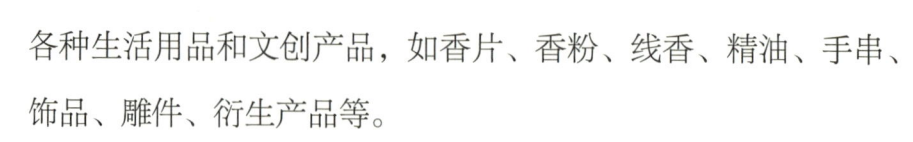

各种生活用品和文创产品，如香片、香粉、线香、精油、手串、饰品、雕件、衍生产品等。

一是香片。从沉香树中剔除白木和腐木部分，剖出来的片状即香片，用专用的工具剪成小片后，可直接放置在香炉中点燃熏蒸。

香片加工主要是将经过精剖获得的香块，用砍刀纵向劈成数块，将中间的腐木用铲刀小心剔除，再用钩刀小心勾除色深、较软朽木，直至较硬沉香层。根据生产需求再切成合适大小，得到香片。

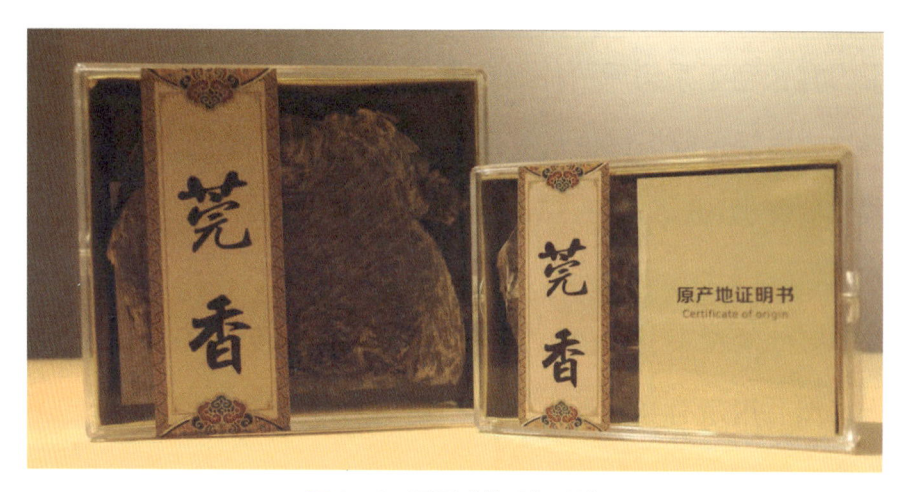

图6—2 沉香（莞香）香片

二是香粉。香粉是将沉香片按照一定粒径打成的粉末，然后使用明火或电子燃香器熏蒸。

三是线香。由沉香香粉加一定比例的天然黏合剂制作而成，是沉香作为香料使用的主要形式之一。线香使用起来非

图6—3 沉香香粉

图6—4 沉香线香

常便利，可以用香炉、香插、香皿作为辅助工具，使用场合也很广泛，无论是宗教习俗还是日常生活，室内还是户外都很适合。其设计长短粗细随意、携带方便，很适合现代人旅游、休闲。

四是精油。沉香的香味主要来自挥发油，也就是沉香精油，目前，常用的精油提取方法有水蒸气蒸馏法、微波法、超临界流体萃取法、酶提法等。水蒸气蒸馏法是将水蒸气通入不溶于水或难溶于水但有一定挥发性的有机物质中，使有机物质随着水蒸气一起蒸馏出来。这种方法所需设备简单，操作安全，不污染环境，成本也低，避免了提取过程中有机溶剂残留对油质造成的影响。

图6—5 沉香精油

五是手串。这里需要区分沉香木手串和沉香手串。沉香木手串就是普通的木料色，通常没有明显的油线、纹路；而沉香手串则有明显的油线条纹，这些油线条纹粗细长短不一，毫无规则，有虎皮纹、蛇皮纹等，珠身颜色较深，有木料的纹理。

沉香木手串本身没有味道，制成的手串也是无香无味的，没有明显的辨识度；而沉香手串会分泌油脂，释放出浓郁甜腻的香味，或因产地不同，有的香味也清新淡雅。

沉香木手串与沉香手串的价值不一样，沉香手串的价值更高，价格视等级而定，高等级沉香手串价值不菲，具有收藏价值与升值空间；而沉香木手串通常不具备收藏价值。

图6—6　沉香手串

六是饰品。指用沉香原料加工成的佩戴装饰品，如圆珠首饰、筒珠首饰和随形首饰。其中，圆珠首饰消耗的材料最多，价格也最高，其次为筒珠首饰。随形首饰一般根据材料的性状来加工，因此消耗的材料比较少。

七是雕件。指用沉香材料雕刻而成的挂件、把件或摆件，因沉香结香位置、深度、密度、外形的差异，雕刻时需要因材施雕。通常大块的雕件、摆件使用的材料品级不高。评价沉香雕件的价值，首先看材料的品质，其次看雕工的水平。

图6—7　沉香项链

八是衍生产品。全国多个省份都在积极开展沉香产品开发，如广东、广西、海南、福建、云南、台湾等，大力发展沉香相关行业。沉香也被广泛应用于医药、保健、食品、日化、宗教、文化等行业。比如，在食品中，主要有沉香叶茶、沉香叶酒、沉香叶饼等，用的不是沉香本身，而是沉香树的叶子；在化妆品中，有沉香面膜、沉香面霜、沉香洗护日用品等；沉香信香主要用于宗教场合，用来表达信徒的虔诚之心。目前，市场上的沉香产品大致有四大类，即药香、食香、闻香、信香。

此外，沉香树与沉香花、沉香种子等均有较高的药用价值。中医用沉香组方治疗病症，广泛应用于消化科、呼吸科、心脑血管科、风湿科、肿瘤科，以及外科、妇科、儿科、男科、五官科、皮肤科等。尤其对消化系统疾病，沉香的作用非常广泛，许多药方都用沉香配伍。目前，以沉香组方配伍的中成药有160多种，如沉香救心丹、沉香化气片、沉香化滞丸、八味沉香散等。

（六）沉香鉴别

天然沉香生产周期长，产量有限。随着科技的发展，人工结香技术越来越先进，但也无法保证结香质量。因为沉香结香机理极为复杂，且受多种因素影响，如种质、环境、结香过程、提取工艺、制作工艺等，因此沉香产品质量也千差万别。要鉴别沉香品，通常要考察以下几个方面。

一看沉水。据《本草纲目》记载，沉香依沉水程度可分为三级：沉于水者为沉香，半沉半浮者为栈香，浮于水者为黄熟香。沉水与否，是判断沉香等级的重要指标。

二看颜色。一级（最高级）为绿色，二级为深绿色，三级为金丝色（微黄），四级为黄土色，五级为黑色。在多数人的印象中，沉香的油脂是黑色的，其实油脂含量高的沉香，黑色反而少见。

三看油量。越软的沉香含油量越高，质量也越好，其品级也相对越高。

四看药性。沉香味辛、苦，性温，品级越高的沉香，药性越温和，药效也越好。

五看香味。一般来说，沉香的品级越高，点燃后释放的香味越清醇。

以前，民间沉香从业者根据木质含油脂的比例将沉香分为五等，并用歌诀的形式加以区分，朗朗上口，颇有韵味：

进口沉香条盔状，表面棕黑微光泽。
燃烧浓烟香四溢，油足落水优沉香。
一等沉香无白木，含油十足质坚强。
二等沉香木稍显，含油七成木占三。
三等白木占一半，含油五十不可偏。
四等白木比较大，木占八十油汁干。

> 最高品种伽南沉，多年不见无迹寻。
> 油质乌黑无木样，碎捻成团不散粉。

以前缺乏先进的检测设备，含油量主要凭感官判断和鉴别，因而误差较大，如今借助先进仪器，沉香含油量的检测相对准确。现代沉香工业按含油情况将沉香划分为四个等级。

一等品。干货，不规则块状，挖净轻浮枯木，油色黑润，身重结实，黑色油格占整块80%以上，燃之有油渗出，香气浓烈，无杂质，无霉变。

二等品。干货，黑色油格占整块60%以上，其他要求同上。

三等品。干货，黑色油格占整块40%以上，其他要求同上。

四等品。干货，黑色油格占整块25%以上，其他要求同上。[1]

二、南国生香，香飘四季

（一）岭南嗅觉经济带

沉香是广东省人大常委会于2016年公布的首批广东立法保护的岭南中药材品种之一，被列入"地理标志产品"。

1.沉香生长环境

国内业界关于"南药"的界定尚有争论。中国工程院院士肖培根认为，原产地或主产地为南亚热带地区的药材，以及传

---

[1] 参见汪科元、王守东编著:《众香国里话沉香》，人民卫生出版社2010年版，第52—53页。

统上从海外进口归化的药材统称为"南药",即大致是北纬25度沿南岭线以南的地区所产的药材,包括广东、广西、海南、云南、福建、贵州、湖南、江西、四川靠南的部分地区以及台湾、香港和澳门,即俗称的"南药9+3"。

岭南沉香树主要生长于南亚热带到北热带季风区,向北可延伸至南亚热带北缘,稍超越北回归线,接近北纬25度,是南亚热带常绿季雨林和山地雨林的常见树种,一般生于海拔400米以下区域,在海南和云南生长的区域海拔可达1000米左右。分布区年平均气温19~25℃,1月平均气温12~20℃,最低气温北部可达-2℃,南部多为4~5℃,7月平均气温约为28.5℃,最高气温39℃。年平均降水量1300~2400毫米,年平均相对湿度80%左右。

岭南沉香树对土壤的适应性较强,耐瘦瘠,在沙质壤、红壤和山地黄壤都能生长,但在土层浅薄、有机质含量少的旱瘦地长势差,生长慢,在肥沃土地则生长快,枝繁叶茂。岭南沉香对光照的要求随株龄不同而不同,幼苗、幼龄期不耐暴晒,要求有40%~50%的荫蔽度。随着植株成长对光照的需求也越来越大,成龄树只有在充足的光照条件下,才能结出高质量的香。

2.种植分布

根据《海南省沉香全产业链创新发展规划(2023—2030年)》,截至2023年,全球沉香树种植面积1500多万亩,其中印度尼西亚、马来西亚、越南、泰国等是种植大国。我国沉香种植面积约100万亩，主要分布在广东、广西、海南、云南、福建等省份，种植面积分别为50万亩、20万亩、14万亩、10万亩、3万亩，四川、重庆、江西、贵州等其他省份共计3万亩。

广东人工种植沉香的历史非常悠久，种植面积占全国一半以上，主要分布在茂名市、肇庆市、中山市、东莞市、江门市、惠州市、揭阳市、阳江市、云浮市等地市，如茂名市的电白区、高州市、化州市，肇庆市的高要区、广宁县；广西种植面积位居全国第二位，主要分布在南宁市、北海市、桂林市等地。海南省种植区域主要分布在海口市、儋州市、澄迈县、屯昌县等地。

表6—1 我国沉香地域分布情况[①]

省（自治区）	沉香分布地市、县（市、区）
广东	东莞市；中山市；茂名市：电白区、高州市、化州市、信宜市；肇庆市：高要区、广宁县；江门市：鹤山市、恩平市、开平市；惠州市：惠东县、博罗县、龙门县；湛江市：廉江市、雷州市；广州市：从化区、增城区
广西	玉林市：博白县、陆川县、北流市；防城港：东兴市；南宁市；北海市：合浦县；桂林市：临桂区；钦州市：灵山县、浦北县
海南	海口市、三亚市、儋州市、定安县、澄迈县、屯昌县、五指山市、琼海市、文昌市、万宁市、东方市、临高县、白沙黎族自治县、昌江黎族自治县、乐东黎族自治县、陵水黎族自治县、保亭黎族苗族自治县、琼中黎族苗族自治县
云南	景洪市、勐海县、勐腊县、双江拉祜族佤族布朗族自治县、西盟佤族县
福建	福州市、厦门市、诏安县
四川	攀枝花市：米易县

---

① 参见裴长洪、吴滌心主编：《传统文明向现代产业的历史跨越——中国沉香产业发展研究报告》，中国社会科学出版社2017年版，第110页。如行政区划变更，以最新名称为准。

3. 主要品种

全世界有21种沉香属植物，9种拟沉香属植物，其中野生植物资源中分布较广的有白木香、马来沉香、贝卡利沉香、柯拉斯那沉香、丝沉香、毛沉香、小果沉香。

我国仅有沉香属白木香和云南沉香两个特有乡土树种，其中，白木香为我国岭南地区主要的乡土基原树种。我国种植的沉香树多为野生树种经驯化栽培获得的农家品种，经审（认）定的品种不多。

（二）沉香产业巡礼

1. 种植业

全球沉香年产量约8万吨，主要产区为印度尼西亚、越南、马来西亚。据统计，印度尼西亚蕴藏着世界60%的天然沉香，产量占世界总产量的70%。老挝、缅甸、泰国等地也出产少量沉香。我国沉香种植面积约100万亩，年产量约4000吨，其中一半以上产自广东省。目前，海南沉香年产量300吨左右，以白木香为主。

2. 加工业

国际上尚未形成沉香产品加工中心，印度尼西亚、马来西亚、越南、泰国等东南亚国家均开展沉香产品加工，产品以精油为主。

我国沉香产业加工体系较为完备。沉香加工产品主要有沉香熏香品、沉香文玩饰品、沉香药品食品、沉香日化品等四大类300多种。

表6—2 国内沉香产品类型

序号	大类	产品
1	沉香熏香品	竹签香、盘香、线香、沉香粉、沉香烟插、沉香原料等
2	沉香文玩饰品	沉香手串、沉香挂件、沉香摆件、沉香雕刻等
3	沉香药品食品	沉香丸、沉香饮片、沉香止痛贴、沉香叶茶、沉香烟、沉香叶酒等
4	沉香日化品等	美容护肤品系列、沉香面膜、沉香精华液、沉香香皂、沉香香水、沉香精油、沉香空气净化剂等

其中，沉香熏香品、沉香文玩饰品合计占比为68.2%，沉香药品食品占比为22.74%，沉香日化品等占比为9.06%。

3.内外贸易

全球沉香每年贸易额为200亿～300亿美元，主要销售国家为印度尼西亚、马来西亚、越南，主要消费国家为沙特阿拉伯、阿联酋、日本、中国。马来西亚、印度尼西亚、越南、缅甸等东南亚国家，占了全球90%的沉香贸易出口额。中东国家进口印度尼西亚沉香的比例最高，占60%～70%。

2021年，我国进口沉香原木、木块、木片、木粉、木屑、提取物等123吨，主要来源为印度尼西亚、泰国等国；出口沉香线香、木片、提取物等350千克，主要出口到美国、沙特阿拉伯和中国香港等国家和地区。

（三）中国沉香六大故乡

1. 广东茂名——规模大、品种全、交易活跃的沉香市场集散中心

茂名市电白区素称"中国沉香之乡"，截至2024年，种植面积达12万多亩，已形成拥有七大类共100多种产品的沉香产业链。全区沉香加工销售企业2800多家，从业人员4万多人，年产值近40亿元，成为全国规模大、品种全、交易活跃的沉香市场集散中心。电白区年育奇楠木苗1500万株，占全国市场的80%以上。唐代时，电白沉香入贡，被称作"宫廷御香"和"电白贡香"，至今"贡香"文化绵延不绝。

2. 广东东莞——中国沉香第一展：香博会

东莞有悠久的莞香（沉香的一种）种植史，曾是东莞重要的支柱产业。据民国《东莞县志》记载，元代时即有东莞官员解送香木入大都（今北京）。明末清初时，岭南著名学者屈大均说："当莞香盛时，岁售踰数万金……故莞人多以香起家。"[①] 经过千百年沉淀、传承，东莞现代沉香产业亦相当活跃，共种植莞香约1.6万亩，超过90万株。大岭山、寮步、茶山、厚街四镇，东城、南城两街道划入莞香产地保护范围。

寮步是岭南历史上的"香市"所在地，与广州的花市、罗浮的药市、廉州（今广西北海、钦州、防城港一带）的珠市并称

---

① （清）屈大均：《广东新语·香语》卷二十六，中华书局1985年版，第677页。

为"东粤四市"。如今，寮步镇依然是沉香集散地，自2010年以来几乎每年都举办中国（东莞）国际沉香文化产业博览会（简称"香博会"），至2023年已举办13届，是全国首个大型沉香文化专业展览，在东南亚乃至全球都有一定的影响力。

3.广东中山——野生沉香汇聚之地

1925年以前，中山市称为"香山"，据称与这里盛产沉香有关。这里是土沉香（白木香）的主要野生分布地之一，全国大约有一半的野生土沉香生长在中山，共4万多株。2011年，中山市被中国野生植物保护协会授予"中国沉香之乡"的称号。2018年，中山市首倡的"香山香"品牌获国家知识产权局批准，并获得商标注册证书，成为中山地区的公共品牌。

近年来，中山积极发展沉香产业，至2021年底，全市各类沉香树有600万株以上。2020年和2021年的产值均在2.8亿元以上，全市范围内涉沉香产业的企业有68家，现已初步形成包括种植、科研、加工、销售、文化等业态在内的产业链，沉香茶、沉香酒、沉香精油等系列深加工产品销往全国。

4.海南——顶级沉香的祖源

海南沉香被誉为"琼脂天香"，是我国特有的高品沉香。明代著名医药学家李时珍在《本草纲目》中引述蔡绦的话说："占城（今越南境内）不若真腊（今柬埔寨境内），真腊不若海南黎峒。黎峒又以万安黎母山东峒者，冠绝天下，谓之海南沉，一

片万钱。"① 目前，海南乐东、昌江、儋州、屯昌、琼海等地均有人工栽培的白木香。海南沉香因其独特的香气和药用价值而闻名，形态特征也较为独特，如黑油格，多呈黑褐色，中有浅黄色相间，斑纹呈不规则片状或团状，毛孔为点状。

5. 福建莆田——香文化产业基地

福建香产业发展态势良好，已形成莆田、永春、翔安产业集聚地。莆田是全球知名的沉香、檀香集散地，中国工艺美术学会授予其"中国香文化产业基地"。据不完全统计，福建全省现有香类企业近2000家，从业人员约10万人，全产业年销售额超200亿元，居全国前列。国家燃香类产品质量监督检验中心落地永春，是全国唯一建成的国家级香类产品质检中心。莆田拥有国内首家香文化垂直互联网平台——福香网，提供供需信息、产业资讯、产品鉴定、香物流、香溯源、香直播等服务。

6. 广西北流——沉香特色农业示范区

广西自古出沉香。目前，广西沉香主要分布在崇左、防城港、玉林、北海等地。其中，北流的沉香种植面积超过8万亩，超过广西沉香种植总面积的一半，年产值约20亿元。北流的天然虫漏沉香，得到我国沉香行业的高度认可，以其为主要原料生产的40多种、100多款沉香产品，畅销北京、上海、广东、广西等国内市场，在中东等地区也有一定的爱好者。

---

① （宋）赵汝适撰，杨博文校释：《诸蕃志校释》，中华书局2000年版，第175页。

三、行业精英，含香致远

（一）黄欧：赓续莞香千年香火

黄欧，非物质文化遗产（莞香制作技艺）项目国家级代表性传承人，荣获由广东省文化厅颁发的"活力非遗2013年度致敬人物"等荣誉称号。他创办的尚正堂莞香发展有限公司是广东省第一批非物质文化遗产保护示范基地。莞香是东莞久负盛名的特产之一，历经千年沧桑，一度濒危。黄欧运用现代科学技术，使莞香制作技艺得以传承，并将传统与现代元素相结合，摸索出一条莞香的现代化之路。

黄欧的莞香人生，始于他与外婆的深厚感情。1994年，黄欧的外婆离世，留下了大大小小的莞香树无人打理，黄欧自幼耳濡目染，不忍舍弃，决定继续外婆生前未完的事业——复兴莞香，为乡邦谋福利。20世纪末，受东莞大面积兴建工厂的影响，许多莞香树被砍伐丢弃。黄欧不愿看到莞香文化遭到破坏，几年间移植保护了几百棵莞香母树。

1999年，黄欧在原四大皇家香园之一的大岭山镇百花洞，先期承包了200亩山地种植莞香树。2006年，待莞香产量稳定后，黄欧在东莞创办了尚正堂莞香发展有限公司，致力于莞香产业与文化发展，坚持莞香制作技艺活态传承。10多年来，尚正堂科普种植园不断发展壮大，如今已成为莞香非遗保护园。

尚正堂利用大数据技术为每一件莞香产品建立"身份档案",让每块莞香都有编号、皆可溯源。为适应现代生活需求,尚正堂团队开发出洗面奶、补水喷雾、消毒剂、莞香精油等多种莞香产品,充分发掘莞香的经济价值。此外,尚正堂还建立了莞香文化博物馆、莞香非遗传承基地、沉香研究院等,为莞香产业的振兴作出了重要贡献。

图6—8 黄欧

黄欧始终坚持传统的莞香制作技艺，相信用古法种、采、结的香才是受大自然馈赠的、沉香中的佳品。黄欧说："在十多年、二十年前，莞香日渐式微，几乎无人提及。现在，莞香重新声名鹊起，得益于国民经济发展到了一个人们有能力提高生活品质的阶段。加上政府各部门大力宣传，市场需求日益增加，全国莞香种植面积从2008年的不到5万亩，现在已超过百万亩，从业人员也急剧增加。"黄欧呼吁沉香行业必须严格自律，将诚信放在首位。他希望尚正堂出品的每一块莞香都能让消费者满意，不懈的坚持让黄欧成为莞香行业的领军人物。

黄欧认为，要想振兴沉香行业，就要从原材料到制成品的每一步都严把质量关；要想发展好沉香产业，就要了解沉香产业的基本特征：一是时间周期长，二是资金、人力投入大，三是技术门槛高。

从2020年开始，大岭山镇委、镇政府探索出一种保护和发展莞香产业的新模式，即从单一的属地管理转变为属地管理加在地保护的双重模式。

在莞香种植方面，政府发挥引导作用，以大岭山"岭南莞香专业合作社"为平台，在种植户中开展种、采、结技术培训和生产规范培训，提供产品检测及定级服务，帮助种植户拓展销路，以吸引更多投资。以尚正堂为依托，大岭山镇正在筹划建设莞香特色小镇，使莞香这张乡土名片更加亮丽多彩。

（二）官茂有：改写药典的"香农第一人"

官茂有，出生于沉香世家，8岁即随父辈进入深山老林采集野生沉香。官茂有酷爱沉香，一生醉心于沉香事业，投入巨资用于沉香的种植与研究，成为享誉中外的沉香界风云人物。

2005年，官茂有提出修改《中华人民共和国药典》中有关沉香浸出物标准的建议，并被采纳，成为改写药典的"香农第一人"。2018年，官茂有被国家林业和草原局沉香产业国家创新联盟，聘请为沉香产业国家创新联盟专家委员会成员。同年，他参与国家林业沉香标准的制定，与中国林业科学研究院热带林业研究所建立合作，成立沉香新品种研发以及示范基地，获得"好心茂名·最美非遗工匠"提名。官茂有的沉香种植基地2021年被称为"中国林业科学研究院热带林业研究所奇楠沉香标准化繁育和种植示范基地""中国林学会珍贵树种分会科普教育基地"。2022年，他被评为广东省非物质文化沉香项目传承人。

早年，官茂有到河南鲁山推销沉香，因当时对沉香真伪的辨别、质量的鉴定没有统一标准，结果货物被没收。自此，他深刻反思，决定将沉香的研究与种植放在第一位。当时国内研究沉香的专业人员非常匮乏，官茂有就以实践为基础，靠实践来摸索"真知"。

野生沉香濒临灭绝。为了阻止香农因无知而乱采滥伐，官茂有主动退出沉香大宗交易市场，重返山区种植沉香树，潜心研究沉香结香机理。10多年前，官茂有看到一种优质奇楠沉香面临绝种威胁，于是在家中自行钻研培育。他不仅用自己的沉香树做试验，还去别的地方购买不同品种的沉香树进行试验，碰到技术瓶颈就聘请高校教授及专家进行指导。经过长期摸索，他终于发明了一种绿奇楠沉香树扦插繁育的培育方法，并于2016年申请了国家专利。对于这个耗费不少人力、财力、物力摸索得来的培育方法，官茂有并没藏着掖着，而是无私地将其传授给村民，带动他们发家致富。

"沉香的奉献精神是沉香的精髓。"官茂有把沉香的奉献精神作为自己的精神信仰。当人类刀砍、火烧沉香树的时候，沉香树只做了一件事，就是自我修复。在自我修复的过程中，它涅槃重生，把普通的白木转化为芳香四溢、可入药疗愈人类病痛的沉香。官茂有努力地践行沉香的奉献精神，把毕生精力投入沉香产业，并用沉香的奉献精神来教育子女。他多次表示，希望子女传承"一线香农"的艰苦奋斗精神与"取香为民"的理念，让沉香更好地为人民服务，改善人民生活，保障人民健康。

（三）海南苏永业："天香使者"

苏永业从小喜欢钻研。因父亲年迈多病，他高中毕业后便放弃了读大学的机会，主动接过父亲的"接力棒"，继续研究沉

香。平日里，他穿山跨河、越岭登峰，在琼州大地上留下了寻访沉香的足迹。

1988年，他从茂名来到海南寻香，挑着粮食、萝卜干、小鱼干，在山上搭棚住宿。那时野生沉香树较多，大的直径近一

图6—9 苏永业

米，一个人十几天可以采到几十斤香材，背下山寄回茂名老家。后来他们不再亲自上山，而是请当地的村民采香，由他们出资收购。那个年代的沉香，便宜的只要几块钱一斤，品相好的要10多块一斤，最贵的沉水级要30多块一斤，价值不菲。沉香具有很高的药用价值，生长周期长，普通人极难得到，因此，沉香受到越来越多的人追捧，价格一路上涨，沉香业也成为海南的特色产业。

2012年前后，苏永业冒着风险大力投资海南沉香树种植。他组建团队，通过科技手段攻克沉香树存活率低、结香率低、结香品质差异大等系列难题。多年来，经过无数次培育实验，苏永业将野生的沉香品种进行杂交和嫁接，成功研发出"楠脂1号"。该品种具有新颖性、特异性、一致性和稳定性，被称为"植物新品种"。

在传统的沉香收藏、药用功能之外，苏永业还通过自己的研发和推广，为沉香找到了更大的发展空间。如研发出一系列珠宝首饰类、食品类、日化类、美妆类等产品，通过大众消费把沉香推广到普通消费者手中，让更多人能买得起、用得起沉香，并和其他同行一起推动海南沉香产业的升级。

苏永业始终牢记自己出生在农村，在怀揣沉香产业梦想的同时，积极响应党中央的号召，带动周边农户朝着共同富裕的目标迈进。在海南的几个重点帮扶县，尤其是五指山市和临高县，苏永业大力推动沉香的种植和深加工，扩大了海南沉香业的影响力。

2017年，全国脱贫攻坚战正在开展，苏永业主动将自己研

究近30年的沉香栽培技术、结香技术、勾香技术和制香技术成果，无偿分享给当地群众，教他们种植沉香，手把手教他们勾香、制香。

海南的广大香农制香经验不足，技术不完善。为解决这些问题，苏永业研发出一系列独有的采香、结香、勾香、制香技术，编撰成图文并茂的各类书籍教材，共计10余套，让普通香农、村民都看得懂，真正让老百姓实现增产增收。海南沉香号称"琼脂天香"，苏永业就是以香造福的"天香使者"。

脱贫攻坚期间，苏永业免费为当地群众培训沉香产业相关技术人员近千人，真正实现"技术脱贫"，共同富裕。在苏永业看来，经营沉香不仅是为了个人的企业，更重要的是将真正优质的产品、有价值的沉香文化带给普罗大众，让海南沉香文化能够在新时代发扬光大，成为中国故事的重要组成部分。

（四）汪科元："以香为命"

广东茂名市电白区素有"中国沉香之乡"的美誉。沙琅江沿岸温暖潮湿的气候与湿润松软的土壤，为沉香提供了优渥的生长环境，也孕育了一代代驰骋海内外的沉香人。

汪科元，茂名市电白区观珠镇人，现任世界中药药学会联合会沉香产业分会执行会长、中国国家科技兴村惠农带头人，茂名电白沉香协会创会会长。在汪科元看来，无论是采香、勾香还是制香、藏香，都体现了电白香农代代相传的智慧。这种智慧不仅体现在沉香产业中，也体现在中华民族几千年的历史文化中。高凉郡主冼夫人在行军打仗时，用到的香囊就是沉香；潘茂名是道医，懂得用沉香炼丹济世救人，这些都是中华优秀传统文化的一部分。

图6—10　复古香囊

汪科元17岁到海南采香淘到第一桶金后，开始慢慢积累沉香知识。1980年，他进入国营医药公司负责药材采购，在药材市场上摸爬滚打，进一步拓宽了视野。他敏锐地发现当时国内沉香的产量远远不能满足需求，尤其在中医临床等方面的应用基本依赖国外进口。1997年，汪科元回到家乡观珠镇，在锦盖山投资2000万元，开辟8000亩的"沉香山"GAP①种植基地，开始人工种植沉香。

此后，汪科元又在观珠、沙琅两镇开发规模更大的种植基地，人工种植白木香超过3万亩。他的愿望是，将沉香山打造成为一个以沉香为核心的医养文创小镇。对他来说，沉香山不仅是一座山，更是寄托了父辈和自己梦想的神圣之地。传统的白木香10年左右才能采香，且产量较低，回报周期长，普通香农很难长期坚持。但沉香山带起的收益，吸引了一部分人购入白木香树苗，进入沉香种植产业。

汪科元对沉香可谓是"以香为命"。当年为了生存，他与当地香农一起采集天然沉香，"以命搏香"，度过了艰难岁月。为了改变上一代香农靠天吃饭、靠运气致富的状态，他攻坚克难、不断探索。如今，他带领香农摸索、总结出一套人工种植沉香的成功经验，并与大家一起延伸沉香产业链。

为了推动沉香在医药领域的应用，汪科元研发出了沉香中医药饮片，以及物理疗法"隔物灸"，联合美国的医学专家研发沉香医药产品，开展沉香知识系列培训班，邀请业内专家前来

---

① GAP 是 Good Agricultural Practices（良好农业规范）的缩写。GAP 基地是国家 GAP 管理部门认可的规模化、药用动植物养殖、种植基地，或是加盟于同类相关中药材专营企业的基地，也是制药集团制药原料供应地。

电白授课，普及沉香专业知识。

经过多年的努力，电白的沉香产业链已包含沉香医药、沉香日化用品、沉香美容化妆品、沉香装饰品、沉香烟酒、沉香燃香、沉香食品七大类产品形态，100多种产品。此外，围绕沉香产业链终端产品的探索，汪科元还提出了文旅康养的概念。

图6—11 岭南沉香（盘香）

从某种角度说，药用品、工艺品、日用品仍未跳脱沉香树结香取香的单一产业链。如何突破有形的产品形态，从无形的"香文化"层面丰富沉香业态，是许多从业者的追求。广东省大力支持沉香产业发展，将广东省沉香现代农业产业园落户在电白。在茂名市林业局和电白区委、区政府的支持下，电白沉香每年销售额超过30亿元，这极大地增强了广大香农的信心。

对于沉香的未来之路，汪科元坚信，风吹雨打、千锤百炼、历久弥香才是沉香的灵魂。电白沉香要走得更远，必须政商协作，建立经得起历史检验的沉香产品标准，擦亮电白沉香的品牌，推动电白沉香走向更广阔的世界。

（五）黄仲斌："抱元守一"

黄仲斌，出生于医药世家，远祖800多年前就在广东香山（今中山市旧称）扎根。黄仲斌投身沉香行业后，组建团队在中山市多个基地种植土沉香，现已超过100万棵。他多年来致力于开拓以香山文化为依托的沉香文化产业，推动中山成为"中国沉香之乡"。

2013年，他创立的中山市元一沉香产业投资有限公司，集沉香种植、技术研发、制品生产和销售服务于一体，旗下拥有香船古道、元一尚品、香当当等30多个知名商标及专利，2016年获中国企业家发展联合会授予的"中国优秀品牌企业"称号。

元一沉香公司成立后，为"香山香"品牌寻根正名，推动"香山香"发展成为香山乃至岭南地区的特色文化名片，赢得了业界的广泛认可和尊重。"元一"，"抱元"而"守一"，表现了人与自然的和谐相处之道。2016年，元一沉香公司发起筹建广东省沉香产业技术创新联盟，获得广东省科技厅批准，为沉香资源的高效利用、技术水平的整体提升搭建行业平台，引领沉香产业持续、健康发展。

四、中国沉香发展之痛

（一）标准之痛：如何评价优质沉香

沉香产业主要不足之一是相关标准缺失。标准化是产品规模化的前提，是顾客需求的反映，直接影响着企业的经济效益和社会效益。标准既是市场准入的基本条件、贸易仲裁的依据、产品质量评价的参考，也是推动企业技术进步及持续创新的基本参照。

沉香种苗培育、种植、生产加工及质量评价标准的影响因素较多，如品种、产地、树龄、结香方式、结香年限、储藏条件等。如何建立科学有效的沉香标准体系，是业界一大难题。目前，国家、地方、行业、团体都制定了有关沉香的一系列标准。沉香等中药材的"中药材商品规格等级"系列标准，是由中国中医科学院中药资源中心牵头组织，联合全国50多家中医

药科研、教学、监管、企业等单位共同起草的，已于2016年之后发布了200多项标准。

表6—3 我国沉香现有相关标准

适用产品	标准类别	沉香相关标准明细
原态沉香产品	中国药典	《中华人民共和国药典》2020年版（一部）沉香药材标准
	行业标准	LY/T 2904—2017 沉香 LY/T 3137—2019 沉香产品通用技术要求 LY/T 3223—2020 沉香质量分级 SN/T 5213—2020 土沉香鉴定方法
	海南标准	DB46/T 421—2017 沉香鉴定 DB46/T 422—2017 沉香质量等级
树种鉴定	国家标准	GB/T 16734—1997 中国主要木材名称（白木香） GB/T 18107—2017 红木（沉香木不属于红木） GB/T 18513—2022 中国主要进口木材名称（沉香木）
沉香燃香	国家标准	GB/T 33274—2016 燃香类产品分类及术语 GB 26386—2011 燃香类产品安全通用技术条件
	行业标准	QB/T 1692.4—2010 卫生香 LY/T 3137—2019 沉香产品通用技术要求（燃香产品）
沉香精油	国家标准	GB/T 39009—2020 精油命名 GB/T 42172—2022 精油产品标签标识通则 GB/T 26516—2011 按摩精油 GB/T 29990—2013 润肤油
	行业标准	LY/T 3137—2019 沉香产品通用技术要求（精油产品）
沉香茶叶	行业标准	GH/T 1091—2014 代用茶
	地方标准	DBS 44/011—2018 广东省食品安全地方标准白木香叶
沉香工艺品	行业标准	LY/T 2872—2017 木制珠串 QB/T 5514—2020 木制工艺品摆件

目前的沉香标准规范，尤其是地方标准、行业标准、法律规范仍不健全。比如，在生产阶段的沉香种苗培育、种植、结

香和结香质量鉴定等方面，全国尚未形成完整的标准体系。在检测监管阶段，除了药用沉香，其他沉香产品如精油、线香等的抽检，还没有明确、规范的执行标准，市场监管缺少技术标准，也缺乏产品溯源体系支撑。此外，岭南沉香产业领域缺乏类似《江门市新会陈皮保护条例》这样专门的地方性法规文件，以保护特色产业发展。在消费阶段，受原材料良莠不齐、高额利润、信息不透明等多重因素的影响，"劣币驱逐良币"的现象严重扰乱沉香市场。许多沉香产品真伪难辨，缺乏具有公信力的鉴定机构及鉴定标准，是该产业的主要制约因素之一。

（二）产业之痛：如何塑造世界级沉香品牌

如何塑造中国沉香的世界级品牌？首先要找准中国沉香产业发展的痛点、难点和堵点。当前，我国沉香产业发展存在以下不足。

其一，高效种植技术和结香技术推广不到位，缺乏统一的种植品种及结香规范。传统沉香多以实生苗种植为主，良种使用率较低，新品种应用率不足30%。良种繁育体系有待规范，存在亲（母）本来源不清、见种即采、苗木质量参差不齐等现象。种植标准化、规范化不足，缺乏统一、高效、优质的结香技术。

其二，科技赋能略显滞后，香企综合竞争力与世界一线香企差距较大。岭南香企以原材料粗加工为主，新产品研发投入不足，产品科技含量和附加值不高，产品同质化竞争激烈，科技赋能略显滞后。产品以手串、线香、精油和粗加工工艺品为主，缺乏特色优势，尚未形成规模效益和突出的品牌效应。现代医疗、保健企业对沉香的研发还不够深入，沉香的药用、保健价值未能得到深度开发。因沉香不能添加到食品中，沉香保健品、食品开发受限，制约了沉香产品的多元化发展。与美国国际香精香料公司、法国罗伯特、德国德之馨、瑞士奇华顿、日本长谷川等世界一线香企相比，岭南香企综合竞争力不足。岭南香企普遍体量偏小，缺乏龙头骨干企业。目前还没有年产值或营业额超过5亿元的沉香企业，大部分为几百万至几千万元的中小微型企业或商家。沉香销售场所分散，价格、产品定位局限，产业集聚度不高。

其三，质量溯源体系和贸易体系亟待建立，市场公信力缺乏。岭南沉香产品缺乏完善的鉴定和分类标准，质量参差不齐。亟须建立沉香溯源体系和完善的检验检测服务体系，开展统一的产品认证、标识以及透明的信息源追溯，并制定切实可行的监督措施，完善质量保障体系，创建具有公信力的沉香消费环境。

其四，消费场景打造不足，消费信心相对欠缺。网络已成为沉香产品重要的销售渠道。沉香产品属于中高端商品，交易更加需要专业团队和信用支撑。我国沉香产业与网络交易平台尚未建立良好的合作交流渠道；与文旅融合不够，未能发挥旅游资源优势，尚未建立沉香国际旅游消费中心，沉香消费信心有待提升。

其五，产业集聚度不强，国际化程度不高。我国沉香各大主产区企业相似度高、关联度低，企业之间尚未建立紧密的利益联结机制，各企业上下游产品配套不足，未形成覆盖全产业链的产业集群，产业集聚度不高。例如，海南沉香相关市场主体与国外先进企业交流合作较少，对海南自由贸易港的开放优惠政策利用不足，开拓海外市场的能力较弱，产业国际化程度不高。

其六，从市场认知角度来看，品牌塑造和营销推广不足也是一个重要因素。在媒体话语中，国外沉香往往被塑造为高品质的象征，是值得消费者追求的奢侈产品。这种先入为主的观念使其他消费者也心向往之，自然而然地倾向于选择国外产品，而对国产沉香缺乏足够的关注和信任。国产沉香在品牌建设方面相对滞后，缺乏具有影响力的品牌和有效的市场推广策略，在与国外沉香的市场竞争中处于劣势。

我国香业品牌多为地方品牌，受众有限；香企及商业策划机构国际化营销水平不高，整体感召力不强。对此，我们不禁要问，中国沉香的出路到底在哪里？

要改变这一现状，提升国产沉香的信誉和市场地位，需要多方共同努力。一方面，行业从业者需要加强品牌建设和市场推广力度，提升国产沉香的知名度和美誉度，重塑消费者的认知；另一方面，政府和相关机构应加强对国产沉香产业的支持和规范，制定严格的质量标准和行业规范，提升国产沉香的品

质和市场竞争力。

（三）消费之痛：如何买到正品沉香

消费是产业链的"源头活水"。沉香市场的制假售假现象，打击了消费者购买的信心，抑制了真正的消费需求。如何确保市场上的沉香产品货真价实，增强消费者对沉香市场的信心，从源头上刺激产业的发展，是行业不可回避的难题。

近年来，各个沉香产地的野生资源供应逐年减少，一些高品质沉香更是千金难求。但市场对沉香的需求却持续升温，一些人为了经济利益便起了邪念，通过各种造假手段伪造"高品质沉香"，以迎合市场需求。目前，沉香造假的方法层出不穷，比较常见的有泡油、微压等手段，使没有结香的沉香白木看起来"结香饱满"。还有的商家使用与真沉香外观相似的木材，如鳄鱼木等冒充沉香，再用沉香油或者沉香粉提高相似度，造假手段比较隐蔽。

如何鉴别沉香真伪？

评判沉香好坏的方法有多种，如物理鉴别、化学鉴定、来源判断等。在沉香行业内，资深行家有很多判断手法，但彼此互相认可的鉴别标准并不一致。行业标准《沉香质量分级》的发布，标志着沉香的标准建设迈出了重要一步。虽然鉴定机构、检测部门、高端沉香藏家会用标准来识别沉香，但是普通消费者在购买小件产品时大概率不会另外支付费用进行检测鉴定。

即使有鉴定需求，权威的检测机构也很少。

其实，鉴别沉香真伪的方式并不复杂，主要可从"望""摸""闻""烧"四方面入手。简而言之，沉香的气味是内敛的、淡雅的，其香气是阵发性而不是持续性的，闻起来使人心生欢喜却又不会感觉过于浓烈刺激；而假沉香的香味一般比较直接、刺鼻，缺乏节奏感，长时间吸入烟气，甚至可能让人头疼，产生眩晕感。

（四）资本之痛："热钱"为何不钟情沉香

近几年，文玩市场刮起了强劲的"沉香风"，让沉香产业有了"复兴"的迹象。然而欣欣向荣的沉香产业背后，传统沉香企业的资本探索之路却并不顺利。如海南某香业集团早在2015年就挂牌新三板，在海南、广东等地建成近万亩沉香示范基地，但近几年经营困难，连续亏损，存在被摘牌的风险。广东另一家香企作为新三板挂牌公司，2021年营业收入167.36万元，同比下降81.96%，净亏损332.05万元。① 此外，企查查数据显示，A股市场虽有6家公司涉足沉香业务，但还没有一家以沉香种植或销售为主营业务的上市公司。资本市场上的"热钱"主要流向新能源、新材料、人工智能与大模型、智能制造、互联网经济等领域，钟情"沉香"行业的资本很少。

---

① 参见海财经研究院：《海南沉香产业能否借力资本乘风而上？》，《南国都市报》2022年7月13日。

资本为何不钟情沉香？

多位业界人士认为，这种状况与沉香生产无标准、行业分散、供应商多为个体户、产品价格和价值难以公允判断、假货横行等因素有关。中国热带农业科学院热带生物技术研究所副所长戴好富表示，沉香以克计价，低至几元，高至万元甚至数万元，价格很难评估。大观沉香联合创始人、总裁杨子文表示，国内沉香企业实力参差不齐，呈现小、散、弱的状态，产业碎片化现象严重，鲜有年产值过亿元的企业，产值规模影响企业上市步伐。海南省沉香协会办公室主任温科表示，国内沉香企业还以小作坊为主，产业化水平不高，产业耦合不强，很多农民还停留在"房前屋后种植"的模式，而且销售渠道有限，阻碍了规模化发展。

（五）文化之痛：如何让年轻人爱上沉香

提到沉香，消费者的第一反应是"香文化"的宗教用途，其次是"焚香点茶"的高雅体验。传统文化让沉香有较高的知名度，但仅限于特定的领域，没有给大众购买沉香提供足够的理由和文化支持。任何产业的发展都需要紧跟时代步伐，聚焦新消费群体，用新的消费导向和文化理念来引导消费者。沉香也不例外，需要用创新的思路来制造和引导需求，突破传统限制，让其走向更广阔的天地。

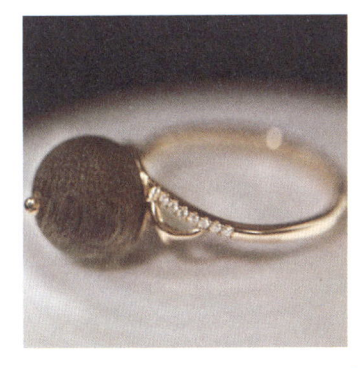

图6—12 沉香戒指

近年来，随着多种新媒体平台直播电商的崛起，国潮文化也迎来了一波热潮，越来越多的"95后""00后"通过短视频和直播方式爱上了传统中式熏香。年轻人通过焚香、品香，感受着传统香文化的魅力。岭南沉香以其独特的香气和深厚的文化底蕴，激发了消费者关于中式美学传统想象和审美体验，具有广阔的行业前景。

如何让年轻人爱上"中国香"，彻底激活年轻人的热情这一"源头活水"？归根到底，需要给年轻人一个爱上沉香的理由，即传承"香文化"，弘扬中华优秀传统文化和新时代"国潮文化"。同时，要加强对沉香文化的传承和创新，挖掘其内在的人文内涵，让更多的人了解和喜爱国产沉香。只有这样，国产沉香才能摆脱行业困境，在市场中展现出应有的魅力和价值，同时，也可与国外沉香在公平的舞台上竞争中，获得更多消费者的认可。

图 6—13 沉香吊坠＋胸针

五、中国沉香路：突破局限，走向世界

（一）品质为王，打造让世界陶醉的"中国香"

"发展才是硬道理"，而质量却是发展的"硬道理"。小到一个企业，大到一个民族、一个国家，想要长远发展，必须将质量作为核心竞争力。没有质量就没有市场，没有质量就没有效益，没有质量就没有发展，就谈不上塑造品牌。纵观国内外，任何一个长久不衰的知名企业，其产品和服务都精益求精，追求极致。中国香企只有不断提高产品质量，不断创新和超越，打造让世界陶醉的"中国香"，方能在激烈的行业竞争中获胜。

中国香企，如何以质取胜？

首先，要构建沉香产业化标准体系，重点开展种子、种苗、种植、结香、质量分级、沉香制品、质量溯源等标准研制，健全以药用和香用为核心的质量整体控制标准体系，提升沉香质量控制水平，引导沉香产品多元化健康有序发展。推进沉香种植基地GAP延伸检查，建立沉香生产溯源体系，实现来源可查、去向可追、责任可究。完善现有平台质量认证资格，加大科技投入和管理监督，强化对药用沉香及其制品质量的检测力度，兼顾对香用沉香及其制品质量的检测，确保沉香原料及其制品质量安全。联合世界标准化专业机构，抢占国际标准制定修订的主动权和话语权。

建议组织科研机构、沉香协会、沉香企业等，按照不同使用领域设立沉香的地方标准，包括雕刻品、手串等收藏品的地方标准，以及含有沉香成分的产品如精油、香皂、护肤品的地方标准，沉香原产地标准等。分类制定标准有利于小范围适用，增加标准的有效性，同时又能降低不同利益主体的协调难度，

促进沉香产业稳健发展。

其次,加强对沉香及附属品药用价值的挖掘,开发多类医药产品推入市场。依靠科研力量在以上领域提出权威性的建议,逐步获取沉香产业发展的话语主动权,赢得更多的发展信心和支持。建议广东、海南率先组织科技力量攻关,论证沉香的食用安全性、保健功能、生产工艺等要求。如经科学论证,沉香进入食品领域可行,将沉香作为食品原料或食品添加材料先行先试,待时机成熟,再推动将沉香列入国家范围的既是食品又是药品的物品名单和可用于保健食品的物品名单。如经科学论证,沉香进入食品领域不可行,则阐明科学依据,提出权威性的沉香用途限制。

最后,搭建沉香质量保障体系,打造"中国香""放心沉香"世界品牌。通过净化全国沉香市场,树"放心沉香"品牌,消除沉积在消费者心中的顾虑和担忧,使沉香消费透明、公开、放心。推动"东莞沉香"("莞香"已于2015年获得国家地理标志产品保护)、"中山沉香"、"电白沉香"、"海南沉香"、"广西沉香"、"云南沉香"等地理标志商标认定工作,保护全国各地沉香产业名片,全方位开展沉香消费引导和教育活动,培育消费市场,大幅提升消费者对沉香的认知,塑造一批知名沉香产品和企业品牌。

（二）科技引领，塑造中国沉香品牌

"科学技术是第一生产力。"注重前沿科技，不仅是沉香品牌营销的必经之路，更是保持品牌活力、提升竞争力的关键所在。2024年1月，习近平总书记在中共中央政治局第十一次集体学习时强调，"发展新质生产力是推动高质量发展的内在要求和重要着力点"。2024年7月，党的二十届三中全会明确提出，"健全因地制宜发展新质生产力体制机制"。发展新质生产力，核心要素就包括了科技创新。只有科技创新才能催生新产业、新模式、新动能。沉香也是新质生产力，这就要求香企必须加强科技创新特别是原创性、颠覆性科技创新，加快实现高水平科技自立自强，打赢关键核心技术攻坚战。

一是推进沉香科技创新。加强沉香产业基础研究和共性关键技术攻关，开展沉香种质资源收集与评价、良种选育、高效结香技术、快速鉴定技术、精深加工及产品开发、药用功效验证和挖掘、沉香树综合开发利用等关键技术研究。加强沉香品种、结香、产品开发等核心技术研发，重点阐明沉香资源遗传基础、道地性成因、功能性成分代谢机制，研发沉香产品加工技术和工艺，提升沉香产业综合科技水平，增强沉香产业的核心竞争力。加强与国外有关科研单位合作，建设国际沉香联合研究中心，推动沉香科技创新国际化。

二是引进新技术以及知名专家团队共建各类研发平台，鼓励原创性研究。将海南、云南、广西、东莞、中山、茂名等作为沉香产业发展战略据点，借力华南现代中医药城等相关的生物医药科技公司，支持开辟含沉香的中成药、保健品、特医食品等研发生产基地。建立广东、广西、海南、云南、福建五大沉香鉴定机构、五大制品科研中心、五大种子基因库及对应科技产业园，构建"保护—研发—利用"的产学研模式，形成沉香产业发展的集聚效应。

三是支持深加工技术及成果转化，突破传统沉香产品同质化的局限。着力将岭南地区打造成"世界沉香深加工城市群"，开展沉香和沉香叶功效的研究，提升沉香综合利用水平，根据药品、香料和文化属性，开发具有新颖创意的养生、养心和保健类的日化沉香产品及沉香文创产品。通过"科技创新＋文化包装"，输出"中国香"特色产品到海外市场，努力打造"中国香"世界级品牌符号，延伸、充实全球沉香产业链、价值链。

（三）产业升级，搭建国际贸易和期货交易平台

当前，我国已进入高质量发展阶段，加快沉香传统产业转型升级必须以高质量发展为导向，在巩固存量、拓展增量、延伸产业链、提高附加值上下功夫，形成较为完善的产业链和产业集群，推动传统产业迈向高端化、智能化、绿色化、融合化。

打造国际沉香加工基地。立足岭南地区，以产品加工为主

要方向，壮大主体、延伸产业链、提升价值链。根据药用和香用沉香产品加工需求，引进和培育沉香加工业主体，壮大沉香加工业市场主体。分类扶持有条件的企业建立粗加工生产线和精深加工生产线。加大沉香产品加工技术创新升级，研发新产品，改进沉香加工工艺。按照萌芽、成长到稳定发展的路径，建设由龙头企业带动的链条型产品加工业集群，创新利益联结机制，在政府的引导和企业的配合下，不断扩展潜在的发展空间，打造国际沉香加工基地。加快推动沉香产业与大健康等新业态融合发展，引导沉香旅游消费产品设计、生产与营销。推进建设集资源保护、科普示范、休闲养生、旅游观光、文化宣传于一体的国际沉香博览园、沉香博物馆、沉香特色小镇等，打造一批展现沉香文化的特色精品旅游线路，拓展"大健康+"产业链。

打造国际沉香贸易中心。总部设在粤港澳大湾区，引进和培育沉香龙头企业，推动沉香生产、加工、经营和贸易专业化，并逐步发展成重要的沉香市场供应主体。搭建沉香交易服务平台，建设东莞、中山、电白、海南、广西、云南等沉香产业园，打造沉香交易分中心，交易内容涵盖技术专利、种苗、初级产品、精深加工产品等，探索自贸港背景下的沉香国际贸易模式。加大"互联网+"购销信息平台等新兴营销体系建设和使用力度，推进沉香销售实体店铺转型升级，线上线下同步提升沉香的营销水平，特别要重视和用好海南沉香道地产区优势和海南

自贸港建设政策优势，逐步将海南打造成为国际沉香贸易中心。

打造全球沉香产业期货交易平台。总部设在广州市南沙区明珠湾横沥岛尖南沙期货产业园，推广林业"保险+期货"模式。全面学习和推广中国太平洋财产保险股份有限公司在韶关市新丰县和翁源县桉树林场、高州市林场推出的林木价格指数"保险+期货"模式，做好沉香产业短、中、长期木材规划，对具有一定规模的种植基地，可以充分利用期货的抗风险功能。

打造共建"一带一路"沿线国家和地区技术交流中心。总部设在粤港澳大湾区，鼓励"引进来""走出去"，扩大"中国香"的世界影响力。在中国—东盟合作框架以及相关国际条约规制下，依托在东盟国家已有的合作主体，或在中国政府指导下，确定我国沉香"通体结香技术"在东盟国家推广应用的合作主体，落实具体的技术转移方式。组织东盟国家合作主体相关管理者和技术人员进行"通体结香技术"定向指导培训，将我国的沉香"通体结香技术"向印度尼西亚、马来西亚、泰国、越南、老挝、缅甸、柬埔寨等东盟国家输出，加快岭南地区与海上丝绸之路沿线国家的合作，促进中国与东盟国家的经贸联系，成为促进中国—东盟友好关系的有力纽带。

（四）数字赋能，构建沉香产业大数据平台

顺应新一轮科技革命和产业变革趋势，把握数字化、网络化、智能化方向，加快人工智能、大数据、云计算、5G、物联网等信息技术与传统沉香产业的深度融合，提升沉香产品研发、设计、生产、企业管理各环节的数字化水平，推动数字化设计、数字化控制、数字化管理、数字化服务的发展，节省设计和生产成本。通过应用网络技术，实现网络协同设计、远程设计，实现生产制造过程的信息共享及企业设备的监控、运行和维护，提高产品、管理和服务的精准性、协同性，推动工业互联网与重点产业链协同发展，建设沉香产业智慧供应链。

打造全国性沉香产业大数据平台。总部设在粤港澳大湾区，打造集沉香种苗培育、种植技术指导、沉香供应、溯源、保健养生、电商、培训、众筹、贸易、金融于一体的沉香产业大数据平台。该平台包括线上国际艺术品交易平台，以及线下艺术品中央商务中心、可溯源中心、金融中心、大数据中心、仲裁中心、物流中心等功能中心，集合"产业+文化+科技+金融+旅游+服务贸易"多种业态，提供国际文化艺术品全产业链服务，形成国际艺术品交易的"中国沉香指数"，成为国际艺术品交易的"中国集聚地"。

中国沉香产业大数据平台，以中国网库的海量买家数据为基础，为沉香企业提供交易平台，突出沉香单品的聚集和买家信息的聚合。平台可为全国相关企业提供多元化沉香产品展示、报价、交易、加盟、行业资讯和行业规范等，同时也是中国沉香业向海外展示的窗口。

（五）文化出海，讲好中国香故事

沉香文化既是高雅文化，也是平民文化。古代的达官显贵、文人雅士，几乎无不用香，以舒缓精神、陶冶情操，有的甚至"怜香"如"惜玉"，爱香成癖。到宋代以后，越来越多的百姓发现了香的妙用，即便家徒四壁，也不妨碍人们摘几朵鲜花，插在瓶瓶罐罐中，为自己和家人增添一缕清香，几分诗意。

沉香如茶，茶有茶道，香有香道，共同承载着中华历史文化的博大与深邃，在国际人文交流中发挥着不可替代的作用。这不由让人想起20世纪70年代，我国领导人毛泽东赠送武夷山大红袍给美国总统尼克松，这是颇具深意的国礼。如今，随着我国综合实力和中华文化影响力不断增强，习近平总书记于2013年提出了"一带一路"倡议，不但在政策上支持企业大胆"走出去"，而且鼓励各界在对外交往中"讲好中国故事，传播好中国声音"，构建完整的、有感染力的中国叙事体系。

国际化是沉香业发展的大趋势。沉香企业、协会及各级政府都在积极推广"香文化"迈向国际化，如东莞市沉香协会主办、东莞市人民政府和寮步镇人民政府支持的第十三届中国（东莞）国际沉香文化产业博览会就吸引了越南、马来西亚、新加坡、印度尼西亚的海外沉香协会、大型沉香企业前来参展。

中国沉香企业如何实现文化"走出去"？关键在于打造国际一流的沉香品牌，深入挖掘本土文化旅游资源，讲好中国香故事。在深层次挖掘沉香文化的基础上，将旅游、文化、养生、鉴赏、收藏、表演、科技、市场有机结合起来，开发各类衍生产品，形成特色明、效益高的文化旅游产业链。打造贴近国际受众、具有跨文化感召力的沉香文化旅游品牌，提高中国沉香品牌的知名度和美誉度，推动中国沉香企业与全球市场同频共振。

第七章

海上香路：展望世界未来史

世界未来史，意味着从未来视角观察历史的走向，体现人类理性支配下的时空转换。5000多年的人类文明史表明，世界未来史既不应是封闭自守的未来史，也不应是掠夺欺凌的未来史，而是以人文价值为引领，生产力高度发达，经济平稳活跃，各族群文明共存共荣的未来史。

海上香路，这一穿越2000多年时空的古老航线，与海上丝路一样，联通中国与世界，促进了经济和文化交流。当前，在世界各国尤其是"一带一路"沿线国家经贸合作和人文交流日益频繁紧密的情况下，深入挖掘海上香路所蕴含的历史意义，对于探索未来发展的种种可能，具有重要的思想价值和理论价值。

一、海上香路是人文经济学的实践场景

海上香路既是东西方贸易的交通要道,也是东西方文明交流互鉴的见证。沿线国家和地区拥有共同的香料记忆和消费市场,为现代人文交流、经贸合作奠定了坚实基础。21世纪前20年的全球化浪潮,极大地促进了沿线国家的经济繁荣与文化融合。尽管当下全球化略显"退潮"之象,但我们仍需要重拾传统海上香路的共同体意识,将新时代的人文经济学理念浸润其中,使海上香路成为践行人文经济学的宏大场景。

图7—1 海上香路是文明互鉴之路

展望新时代人文经济学,"以香为媒"不应只是理念,更应该是切实可行的发展思路。随着全球化不断深入、科技迅猛发

展，香料乃至整个芳香行业将迎来前所未有的发展机遇。作为海上香路的主要国家，我们应积极推动与沿线国家和地区的经济合作与人文交流，探索人类情感、嗅觉体验的共通性。"重塑"海上香路，凸显"一带一路"倡议的历史温度和人文特性，赋予经贸合作新的情感内涵，这既符合新时代人文经济学的逻辑要求，也成为未来世界经济协调发展的升级之路。

在新时代人文经济学的学科视野下，我们有必要全面研究香料产业与文化、社会各要素间的相互关系；以全球化的胸怀研究香料产业的国际流通和贸易规则；注重深入挖掘全球性、地域性和民族性的历史文化资源，开放包容地理解不同历史时期、不同地域对香料的开发、运用及其承载的文化意义；关注香料消费者的文化背景，了解各国各民族消费者对香料产品的需求及其生活方式；"以香为媒""以香会友"，从某些获得全球消费者普遍接受的香氛产品中寻求人类情感、嗅觉的共通性，为经济全球化、经济人文化注入思想活力。

二、全世界爱香的人，团结起来

（一）全球香业：一中心多集群

目前，全球公认的香业中心在欧洲。欧洲以其独特的地理区位和人文传统，不但聚合了生产、消费、品鉴、时尚等产业板块，形成了完善的产业链，而且塑造了香熏文化的高端品牌形象。欧洲中心拥有众多著名的香水品牌和香料制造商，主要集中在意大利、法国、西班牙、英国等休闲文化发达的国家，比如法国的格拉斯是世界著名的香水之都，集中了众多香水巨头和上下游企业。

除欧洲外，还有众多香业集群分布在其他地区或城市。中东以其悠久的香料文化而闻名，是香料的重要产地和消费市场：《圣经》记载的香料就达188种，乳香、没药、沉香更是具有崇高宗教价值的著名香料。阿联酋的迪拜是中东地区的香业重镇，吸引了众多国际香水品牌和香料爱好者，带动了迪拜的现代旅游业。美国是全球最大的香水研发和消费市场之一，仅次于欧洲的香业高地。我国华南地区（广东、广西、海南）则是世界沉香产业的聚集地，集群效应日益凸显。

总的来说，欧洲作为全球香业中心，科技创新能力强，品牌效应突出，产业链完整，尤其是围绕历史和产品本身讲故事的能力领先全球，而其他集群要么偏重于生产或消费，要么偏重于宗教或生活用香，产业链不完整，尤其在香熏文化高端、潮流形象的塑造上，故事力偏弱，品牌形象还不够鲜明。

（二）我国香业：凸显集群效应

首先，我国拥有数千年的制香、用香传统，从古代的燎祭、焚香到现代的品香、熏香、香浴、香疗等，不仅用香方式多元，而且香品种类繁多，形成了底蕴深厚的中华香料文化。

其次，我国地域辽阔，地理、气候条件多样，拥有丰富的动物、植物香料资源。许多地区都有独特的香料品种，如西北地区的麝香、岭南地区的沉香、东南地区的樟脑、东部地区的生姜等，2000多年来持续为全球香料市场提供丰富、优质的原材料。

再次，随着社会发展水平的提高，人们对健康、环保、个性化精神文化生活的关注度不断加大，对各种天然、合成香料的需求也日益增长，香料消费潜力逐步释放，市场日趋成熟。顺应这一趋势，国内生产市场也不断升级，推动了香料产业的快速发展，初步形成了我国香业的集群效应。

最后，需要强调的是，改革开放40多年来，我国的香料香精行业逐步完成了从小作坊式生产到工业化生产、从产品模仿到自主研发、从专业设备进口到自主研发、从感官评价到使用高精仪器检测、从技术人才引进到自主培养、从天然香料分散采集到建立专业基地等多方面的转变，国内香料香精制造行业已发展成为一个相对完整的工业体系。同时，在全球经济一体化的大趋势下，我国香料企业需要不断加强与国际香料企业的合作与交流，引进先进技术，拓展海外市场，提高国际化程度，增强我国香业的国际影响力。

（三）香业新质生产力，勾画世界未来史

为提升我国香业的国际竞争力与整体形象，我们应积极推

动建立全球香业集群中心，汇聚全球领先的香企、科研机构、文化机构，打造集生产、研发、销售、体验于一体的全球综合性平台。

与传统生产力相比，新质生产力对我国香业发展提出的新要求包括：第一，提高科技创新在产业中的含量；第二，提高文化、心理消费在产业中的占比；第三，重视嗅觉消费的科学内涵和文化属性，把香料产业作为新时代人文经济学的典型领域；第四，以打造全球集群中心为契机，将我国香业培育为中国文化创意产业走向国际的新引擎。

当前，我国香业存在企业规模小、布局分散、品牌效应不突出等问题。建立全球集群中心，将有助于促进资源的优化配置与共享，实现集群效应与国际影响力的双重提升。如设立香品香型研发中心、检测中心等公共服务平台，降低企业的研发成本和投资风险；制定国家、地方标准和行业、团体标准，规范市场秩序，提高我国香业的整体形象和竞争力；加强行业自律，共同应对市场风险，保障我国香业健康发展；依托互联网和新媒体技术，打造全球香业信息平台，提供市场行情、行业动态、技术创新等信息服务，开展在线交流与合作，为香料企业与从业者提供支持和参考。同时，集群中心还可作为展示全球香文化的窗口，向全球传递我国香业的独特魅力和深厚底蕴，扩大我国香业的国际影响。

未来的世界，将是人人参与建构的世界。世界的未来史，是对过往历史的合理想象和理性安排。只有这样的想象和安排，才能避免世界的非理性冲突和无谓动荡。正如法国政治经济学者雅克·阿塔利在《未来简史》中所说，未来，每个人都可以公平地分享技术和市场想象力带来的利益；每个人都应维护自由，使之不受敌人乃至自己暴行的影响；每个人都有责任给子孙后代创造更好的环境；每个人都应以全世界所有的智慧为基础，寻找新的生活方式和创造方式。

全世界爱香的人，将在香气的语言中寻求共识，加强团结。香气的语言不同于文字和语音，前者诉诸感觉和想象，后者诉诸理性和现实；前者是一种审美的语言，后者是一种思虑的语言；前者引发感悟和联想，后者引发思考和回应。总而言之，香业新质生产力反映的不再是对传统香业的回归和复制，而是对人类经济活动、心理活动、审美活动和交往活动的整合与再创。

三、香路，让世界更香

全球化背景下，文化的交流与融合已成为推动国际关系发展的重要方式。海上香路是连接中国与世界的重要文化纽带，探索全球香业对话机制，对于重塑这一文化路径，深化人文交流，意义深远。从某种意义上说，海上香路是一条嗅觉联通之路，是让世界共享自然造化之美的连心之路。"让世界更香"是

我们"重塑"海上香路恒定不变的"初心"。

（一）参与建立国际高端香业对话机制

在全球化浪潮中，建立国际高端香业对话机制是把握行业脉搏、引领行业潮流、推动全球香业合作的必然要求，有助于我国进一步掌握行业发展的话语权与主动权。我们要秉持开放、包容、合作的原则，邀请全球范围内的著名香企、专业协会、科学家、文化史家、流行文化研究者和全球媒体等共同参与，建立国际香业论坛、香业峰会、香业展览等常态化对话机制，就市场趋势、技术创新、品牌建设、文化传承、可持续发展等提供全方位的交流平台，汇聚行业智慧，推动全球香业共生共荣。

（二）适度创作香业"神话"，引领全球香业风尚

2024年8月，我国首款3A游戏《黑神话：悟空》上线，强力震撼全球玩家，首发当日销售额高达15亿元。我国香业也应积极探索创造自己的行业"神话"，使中华香文化更加丰富多彩，贴近现代生活，贴近年轻消费者群体，与全球主流市场同频共振。

举办国际香精香料博览会和交易会，为全球香料生产商、经销商、消费者、研究者和流行文化引领者提供交流和合作的平台，汇聚世界各地的香品资源，促进香料贸易、项目合作和

行业信息交流。

筹办世界高端香品潮流（新品）发布会，将其打造成为引领行业风向标的重要平台，聚焦于科技创新、品质形象与环境可持续性，展示各国香企在产品研发、技术革新、市场拓展、科技转化等方面的最新经验和成果。

探索建立由各国香料行业协会和企业组成的全球香料产业联盟，共同制定行业标准和规范，加强行业自律和监管，推动香料产业健康发展。成立培训学院，组织各种培训和学术交流，提高香业从业人员的专业素质和技能水平，为全球培养行业新人。

跳出香业传统思维，推动香业与影视剧、游戏、动漫、人工智能产业合作，大胆创作香业"神话"，如《天香传》《沉香救母》《龙涎香》《麝香出海》《红楼梦·香》等，激发全球消费者对中华香料文化的兴趣，培养潜在消费者和爱好者。

（三）世界"香合"：理念先行

2001年6月15日，中国、俄罗斯、哈萨克斯坦、吉尔吉斯斯坦、塔吉克斯坦、乌兹别克斯坦六国在上海宣布成立永久性政府间国际组织——上海合作组织（简称"上合组织"）。20多年来，这一组织秉持互信、互利、平等、协商、尊重多样文明、谋求共同发展的"上海精神"，不断推动务实合作，始终走互利共赢、共同繁荣之路，为国家经济发展和民生改善持续注入新

动力。这一组织模式，能够为探索全球香业对话机制提供重要参考。

稳定的合作机制，确保成员国之间的沟通和协调。海上香路对话机制可以建立类似的定期会议机制，如成立全球香业合作联盟，促进各方之间的交流与合作。

强调共同利益，通过合作实现共同发展。建立海上香路对话机制可以强调各方在香路文化、经济、旅游、资源开发等方面的共同利益，促进各方之间全方位、全领域的合作共赢。

推动区域经济合作，促进成员国之间的贸易和投资。建立海上香路对话机制可以借鉴这一理念，灵活取舍，统筹运用，以推动海上香路沿线国家和地区在海洋运输、远洋船舶制造、海洋资源开发、风力发电等相关产业的合作，带动区域经济的发展。

加强人文交流，增进成员国之间的友谊。建立海上香路对话机制可以借鉴"以香促文""以文促香"的人文机制，以推动海上香路沿线国家和地区在文化、艺术、教育等方面的交流与合作，增进各方之间的相互了解。

发挥多边机制的作用，促进成员国之间的合作。建立海上香路对话机制也可以借鉴这一经验，在全球反恐、极端天气应对、生态和环保等方面加深合作，凝聚共识，建立成熟、稳定的合作机制。

四、香语香路：疗愈受伤的世界

2000多年来，海上香路作为连接东西方的重要通道，见证了古代贸易的繁荣与文化的融合，加深了中国与世界各地的联系，形成了海上香路沿线国家和地区的世界观念与民族观念。或许，空间和航海意义上的传统海上香路难以"再现"，而心理情感、商贸网络和国际合作意义上的现代海上香路完全可能"再造"。我们可以从以下方面努力。

（一）历史研究、人文交流"再现"海上香路

海上香路的"再现"需要深入挖掘古代海上丝绸之路的历史文献和考古资料，深挖其发展脉络和文化内涵。通过对历史文献的研究，全景式展现古代中国与东南亚、南亚、中东、欧洲、美洲等地的香料贸易，以及香料在文化交流中的重要作用及其承载的独特文化意义，从而为"再现"现代海上香路提供历史依据和精神土壤。

（二）海运、旅游、资源开发"再造"海上香路

传统海上香路连接了众多国家和地区，搭建了跨越千年的海上运输网络。当今世界，随着科技迅猛发展，与海洋相关的产业日益多元，比如海洋勘探、运输、旅游等。打造国际航运

综合服务平台，打通港口、航运、通关、中转等多个环节，实现通关便利化、运行高效化，创造良好海运合作发展环境，促进运输服务品质提升，推动海上香路沿线国家和地区人员与物资往来更加便捷，将大大激发全球经济活力和潜力。

图 7—2　香气弥漫的东南亚植物香料

在海上旅游充分发展的今天，沿着海上香路，人们有机会亲身体验海上香路的历史和文化。参观历史悠久的港口城市、古迹和博物馆，了解古代贸易、文化交流和航海技术留下的珍贵痕迹，都是现代人渴望的休闲体验。中国的广州、澳门，马来西亚的槟城、马六甲，印度的科钦，斯里兰卡的加勒等都是海上香路的重要节点城市。开展海岛探索与水上运动，欣赏沿线壮丽的自然风光，在旅游中感受文化魅力，也是"再造"海上香路的自然联想。

（三）香业迭代"重塑"海上香路

海上香路沿线国家和地区在香业方面拥有悠久的历史、深厚的文化底蕴，市场空间无限广阔。随着时代的发展，人们更加注重健康、环保和精神追求，各类香产品的市场需求也在不断增加。海上香路沿线国家和地区利用优势资源，重振现代香业，并通过国际合作为全球香业发展创造新机遇、开拓新气象，既有历史延续性，也有现实必要性。

特别是在"一带一路"倡议下，传统海上香路焕发出了新的生机与活力，不仅是一条商品流通的道路，更是一座文化交流与融合的桥梁，成为经济合作与人文交流并重、连接不同文明、增进相互理解与尊重的重要平台。科技与文化的融合将促进全球香业迭代，尤其是全球香业在未来历史意义上的合作交流，将推动全球香业向更高水平发展。海上香路的"重塑"将为沿线国家和地区带来新的政治、经济和文化想象的空间。海上香路既是现实的空间、经贸和人文之路，也是创造人类新的情感联结、经济合作、政治认同和文化联通方式的未来之路，如欧洲的《申根协定》打破了传统的国家边界，也突破了欧盟与非欧盟国家的体制壁垒，具有宽幅度的思想弹性。

图7—3　和而不同，寻求共识

（四）"重塑"海上香路，赋能"一带一路"倡议

2011年，美国公开提出了"新丝绸之路计划"（简称"新丝路计划"）。这一计划的核心内容是以阿富汗为中心枢纽，将油气资源丰富的中亚国家与巴基斯坦、印度、东南亚国家连接起来。这一隐形"战略"刻意绕开了中国与俄罗斯等大国，且环绕中俄形成了一个巨大的、由亲美国家组成的新地缘政治板块，美国以"新丝路"限制中俄的战略意图昭然若揭。然而由于种种原因，美国取消了对新丝绸之路计划的资金支持。

2013年，中国的"一带一路"（"丝绸之路经济带"和"21世纪海上丝绸之路"）倡议正式提出，核心是借助丝绸之路文化打造开放、包容的国际合作平台,并不限制哪些国家可以加入,哪些不可以加入。

从根本上说,"美式丝路"只是美国选用的竞争工具,既缺乏历史底蕴,又缺乏国际包容性;中国的"一带一路"倡议则是根据丝绸之路沿线国家共同利益建立的,旨在与沿线国家及国际利益相关方共同开展区域合作,统筹规划、协同推进、共同享受建设成果的协作机制,更具人文性、包容性,是中国为国际社会提供的国际公共产品和回馈国际社会的合作平台,展现了中国"让世界更美好"的大国担当,与中国2021—2023年相继提出的全球发展倡议、全球安全倡议、全球文明倡议遥相呼应。

五、在香气中寻求全人类共同价值

(一)世界紧张局势呼唤文化滋养

当今世界整体和平,但局部极不稳定,俄乌冲突、巴以冲突将千万无辜者拖入战争泥潭,扩大了分歧,伤害了情感,不仅给当地人民带来了巨大的痛苦和灾难,也对世界和平与稳定构成了重大威胁。随着全球化向纵深发展,多极化趋势日益明显,国际政治格局正在发生深刻变化。新兴经济体崛起、地区冲突频发、全球治理体系变革对世界未来史产生了深远影响。

面对各种冲突和挑战,文化的作用愈发凸显。习近平总书

记指出:"文明因交流而多彩,文明因互鉴而丰富。文明交流互鉴,是推动人类文明进步和世界和平发展的重要动力。"[①]中国作为东方最有代表性的大国,向来推崇"和而不同"的精神,这种精神不仅能促进不同国家、民族的理解包容,还能为解决冲突提供思想方法和理念方法。

(二)人类命运呼唤共同价值

人类生活在同一个地球村,生活在历史和现实交汇的同一个时空里,"你中有我、我中有你"。面对诸多挑战,如气候变化、环境污染、流行疾病、恐怖主义等,共同体意识尤为重要。这些挑战超越了国界和种族,需要各国政府和社会力量精诚团结、通力合作才能解决。而经济全球化和科技进步使得各国之间的联系更加紧密,依存度更高,形成了相互影响、相互作用的全球系统,任何单一思维、单方国家或组织都难以独自应对。因此,构建人类命运共同体是人类社会发展的必然趋势,也是应对全球性挑战的关键选择。

2015年9月28日,国家主席习近平在第七十届联合国大会一般性辩论时的讲话中指出:"和平、发展、公平、正义、民主、自由,是全人类的共同价值,也是联合国的崇高目标。"[②]显然,全人类共同价值是人类命运共同体的思想内核和生命线。

---

① 《习近平著作选读》第1卷,人民出版社2023年版,第228页。
② 《习近平谈治国理政》第2卷,外文出版社2017年版,第522页。

随着经济不断发展、综合国力持续提升，中国正日益走近世界舞台中央，在世界舞台上的话语权也在逐步增强，发挥着越来越重要的作用。习近平总书记强调："推动构建人类命运共同体，不是以一种制度代替另一种制度，不是以一种文明代替另一种文明，而是不同社会制度、不同意识形态、不同历史文化、不同发展水平的国家在国际事务中利益共生、权利共享、责任共担，形成共建美好世界的最大公约数。"①中国所倡导的人类命运共同体理念，强调人类的共同利益和相互依存，呼吁各国并肩携手，共同应对全球性挑战。

（三）嗅觉审美是沟通人类情感天赐的礼物

香料，作为一种独特的文化符号和审美载体，承载着人类共同的理想追求与美好愿景，具有跨越时空、超越种族、沟通心灵的独特魅力。通过香品的流通与品鉴，我们切身感受到不同文化的独特魅力与深厚底蕴，进而增进相互理解，尊重个体和地区差异，促进世界和平与发展。同时，香也是一种情感的传递者，它能够跨越语言与文化的障碍，让人们在心灵深处产生共鸣，促进各国人民的信任和交流，有助于缓解国际紧张局势和冲突矛盾，更有助于推动构建人类命运共同体。

海上香路是人类文明交流互鉴的重要见证，"重塑"海上香路，不应是中国的"二胡独奏"，而应是沿线国家和地区的

---

① 《习近平著作选读》第 2 卷，人民出版社 2023 年版，第 543 页。

"交响乐",更应是促进文明交流互鉴,唤醒人类持守"四海一家""和而不同"的美好憧憬。随着沿线国家和地区的共同努力以及"一带一路"倡议的推动,我们始终怀有这样的真诚信念:嗅觉审美从感觉出发,却直抵灵魂。

世界地理、气候变化的统一性,流行疾病的无边界性,市场经济的全球化,恐怖主义的跨地域性,市场经济的全球化,地缘政治的关联性,都让各国深刻认识到彼此的相互依存关系。我们要以香为路,摒弃纷争,共享和平,构建人类命运共同体,更好地体现以和平合作、开放包容、互学互鉴、互利共赢为核心的丝路精神。毫无疑问,"丝路精神"也代表着"香路精神"。

回望历史长河,海上香路以其独特的魅力与价值见证了中外经济文化的交流与文明互鉴,成为中外经济文化交流的重要通道和文化遗产宝库。展望未来,中国将继续与其他文化同行,与世界同行,秉持和平合作、开放包容、互学互鉴、互利共赢的原则,持续推进世界发展。海上香路必将焕发出新的生机与活力,成为连接不同文明、不同地域,增进相互理解与尊重的重要桥梁与纽带,为全球文化互通、经济发展和构建人类命运共同体发挥积极作用。

(四)香路交融,破除"文明冲突论"

人类文明隔山阻海,通常以"路"联通。海上香路是人类用商品、船只、罗盘、海图、勇气、智慧和雄心,艰苦探索出来的贸易之路和文明交融之路。数千年历史中有过欺诈、血腥和不平等，但总体而言，人类因交往交流而促进了彼此的理解和融合，形成了现代世界秩序。秉持这一信念，人类也必将实现更高境界的价值认同。"中华文明自古就以开放包容闻名于世，在同其他文明的交流互鉴中不断焕发新的生命力。中华文明五千多年发展史充分说明，无论是物种、技术，还是资源、人群，甚至于思想、文化，都是在不断传播、交流、互动中得以发展、得以进步的。我们要用文明交流交融破解'文明冲突论'。"①

因此，人类不必然陷入美国政治学家塞缪尔·亨廷顿所提出的"文明冲突"中。5000多年中国文明史，是各民族交融汇聚成多元一体中华民族的历史，是各民族共同缔造、发展、巩固统一的伟大祖国的历史。从中华民族形成过程中回溯，从"两个结合"中寻根，从中国式现代化实践中探源，从不同文明交流互鉴中受益，中华文明多元一体、生生不息、古今交融、中西交汇，在现代化探索中实现中华民族的"旧邦新命"。②

（五）"重塑"海上香路，构建新质态文明气度

马克思认为，人类创造历史，"并不是在他们自己选定的条

---

① 习近平：《把中国文明历史研究引向深入　增强历史自觉坚定文化自信》，《求是》2022年第14期。

② 参见新华社国家高端智库报告：《文明交融论——基于突出特性与价值立场的中华文明新主张》，新华网，2024年10月9日。

件下创造，而是在直接碰到的、既定的、从过去承继下来的条件下创造"①。丝路、香路的历史也向我们昭示，闭关自守，困守一隅，既不可能探索出丝绸之路，也不可能形成海上香路。

"文明因多样而交流，因交流而互鉴，因互鉴而发展。我们要加强世界上不同国家、不同民族、不同文化的交流互鉴，夯实共建亚洲命运共同体、人类命运共同体的人文基础。"②夯实这一人文基础的重要表现就是构建文明气度，扼要来说，就是各个国家、民族需要在平等基础上重新思考现代世界所需要的文明气质，把隐含着文明偏见的"文明优越论""文明冲突论""历史终结论"送进历史陈列馆。自立、自强、自生、自觉、自为，是中华民族在这个时代的精神标识。③无论过去还是未来，海上香路所包含的人文价值，都值得世界各国从中汲取智慧。

---

① 《马克思恩格斯选集》第 1 卷，人民出版社 2012 年版，第 669 页。
② 《习近平谈治国理政》第 3 卷，外文出版社 2020 年版，第 468 页。
③ 参见新华社国家高端智库报告：《文明交融论——基于突出特性与价值立场的中华文明新主张》，新华网，2024 年 10 月 9 日。

后　记

"21世纪海上丝路"和"海上香路"还在延伸。

2000多年来，岭南倚五岭濒南海，充分发挥了海上香路重要始发港和抵达港的桥头堡作用，直至今日还有巨大的想象空间。发掘这一独特、丰厚的历史文化资源，既是中国文化界的责任，也是重塑现代海上香路、推动全球文明交流的重要契机。

"重塑"海上香路这一具有创新性、包容性、延展性的研究课题，由中国国家创新与发展战略研究会策划选题，系列研究成果由广东省人民政府参事室（广东省人民政府文史研究馆）和东莞社会经济发展研究院联合完成。赖斌、蔡玉明、丘树宏、彭尚德、刘伟、杨石光、黄欧、汪浩等专家学者高度赞赏这一选题的创造性及与"一带一路"、讲好中国故事的契合性，欣然加入课题组，全程参与调研，针对提纲、初稿、修改稿、插图等全方位提出修改建议，大大提高了书稿质量。在此一并向他们的辛勤付出表示衷心的感谢。

本书共七章，第一、二章由林春香执笔，第三章由陈婕执笔，第四章由袁敦卫执笔，第五章由黄宜秋执笔，第六章由李渊博执笔，第七章由周智慧执笔；最后由袁敦卫、林春香、陈婕统稿。

本书的出版得到了东莞市人民政府驻广州办事处和东莞市大岭山镇人民政府的大力支持。海南楠脂文化产业集团、广东尚正堂集团股份有限公司、广东沉香山沉香发展有限公司、中山市元一沉香产业投资有限公司为本书提供了部分高清图片，还有个别图片未能及时联系到作者，请原作者见书后与我们联系。特此鸣谢！

由于本书选题新颖，涉及面广，可参考的文献资料有限，尤其是关于当代香业的发展状况，大多只能从调研、访谈中收集素材，疏漏之处在所难免，真诚希望读者谅解并指正。

《海上香路：中国与世界》课题组

2024年10月